舉手投足的優雅 × 由內而外的涵養，
女子見了目不轉睛，男子看了眼冒愛心！

有品味女人 呼吸都迷人

外貌至上的年代，靠品味人見人愛！
美麗是上天的恩賜，魅力是人爲的努力，
而優雅是藝術的結晶 ——

恩茜，王曉陽 著

性格 × 談吐 × 婚姻 × 能力 × 職場
從頭到腳打造獨一無二的品味，誰能比妳更有女人味！

今天想當小淑女，明天就當野蠻女！
當女強人還是溫柔可人？妳就是妳！

目錄

目錄

第三章　戀愛密碼詮釋女人味

目錄

第五章　職場生涯迸發女人味

目錄

目錄

前言

經常聽到這樣一個詞：女人味。無論男女，都為之痴迷。女人都希望自己有女人味，男人都希望自己的伴侶有女人味。那麼究竟什麼是女人味呢？

女人味是女人至高無上的風韻，女人味總是與高貴、溫馨、精緻的氣質連繫在一起，女人味是一種高雅的生活方式，是一份雅致的心境，是一種永不褪色的魅力。女人味是女人美麗的核心，女人味也使女人美麗的內涵變得更加具體、更加深遠。女人味是一種動態的、變化的、立體的氣質與氛圍。女人味也在經歷著一個不斷演變的過程。

女性的陰柔之美是一種原始的、天性的女人味，她深藏在女人的骨子裡，柔柔弱弱、小鳥依人依偎在男人的生命裡。這一境界中的女人，通常缺乏經濟獨立和人格獨立，她們的生命是依附於男人的，因此在她們的溫柔順從之中，常常帶有一種隱忍的色彩。後來，隨女性運動的興起，使女人有了自我價值的追求，她們有了一種積極的挑戰意識。這一境界的女人，她們大多能力出眾，獲得了經濟的獨立，但她們容易忽略女人本身的特性，以一種自負的姿態來挑戰男權社會。

前言

非常女人味是女人味的至高境界。它既包含了自然而然的女人味，同時也實現了精神上的獨立。她們既能夠追求自我價值，又願意保留作為女人的柔情和依戀，她們不再犀利、不再刻意去和男人競爭，這是一種經歷過博大之後的寬容，是一種對於生命本相的尊重和從容。這一境界的女人，她們開始完全按照自己的意願去生活，她們身體裡所散發出來的女人氣質，使她們愈加的美麗和芬芳，與她們所生活的環境融為最和煦的一體，她們成為地球生物中最與生俱來的一部分。

女人味如同鳳凰涅槃後的輝煌，如同破繭成蝶後的絢爛。它需要經歷一個成長的過程，它永遠是一道如此撲朔迷離的課題，想要走得順利一些，就一定要讓自己變得聰明，擁有智慧，一定要不忘修練自己每個階段所特有的女人味。女人味伴隨著一個女人的一生——由天真無邪到慢慢成熟，從學校走到職場，從懵懂的初戀走進婚姻的殿堂。有些女孩子一路走來，輕鬆自如；有些女孩子卻到處遭遇不順，本書便教你讀懂自己，經營自己，成就自己！

第一章　性格宜人決定女人味

女人味和性格有關，宜人的性格是女人味的外在展現。女人味，有時是女性的善良，有時是女性的溫柔，有時是那一低頭時的羞澀，有時是那淡淡的憂鬱和哀愁，有時是最讓男人放不下的那份善解人意。陰柔之美，是女人味的核心，它像春風細雨，像嬌鶯蹄柳，像舒卷的雲，像皎潔的月，更像蕩漾的水，那樣令人陶醉。

然而在這個多元化的年代，人們都提倡個性之美，女人也可以野蠻，女人也可以刁鑽，女人更可以聰明、能幹，甚至包括攻擊性和領導欲。真正的女人味既保留了女人的原始與天性，而且不再刻意或積極想要超越自己或他人。

通俗的女人惹人愛

通常，一個女孩子最怕被人說自己「俗」。沾染了俗氣的女孩渾身有了市井味，做人做事只講實際，不講情調。俗氣的女孩，買的衣服，永遠是跟隨大眾的，被人稱作是沒有品味的；思想境界，也永遠是落後的，被人稱作是沒有架子的。因此，女孩子都對這個「俗」字避而遠之。

脫俗一點的女孩子就不一樣了，這種女孩彷彿洗去了身上的那股煙塵味，讓人感覺清新自然。這樣的女孩，手中拿上一本書就是書卷氣，與朋友輕輕打鬧就是孩子氣，低頭不語的時候就是雅氣。《紅樓夢》中，賈寶玉為什麼愛的是黛玉，因為黛玉周身都是這股脫俗的雅氣，這與寶釵的務實是截然不同的。

可是任何性情都是要有度的。太俗了惹人厭煩，可是太雅了，也讓人不敢靠近。很多家教良好的女孩子，從小到大都講究雅致。吃飯要小口小口吃，笑起來時也要用手掩一下嘴，走路時也似弱柳扶風，別有一番韻味。琴棋書畫自然也會那麼一些。可這樣的女孩總是孤獨的，身邊好像沒有什麼朋友，別人喜歡玩的她提不起興趣，別人談論的東西她也在心裡不屑。她就像個冷美人似的，靜靜生活著。到了談戀愛的年紀，那些陽光燦爛的男孩也總是對她望而卻步。也許像她這樣的目標太過高遠，一般的男孩子怎敢來摻和。古代的文人墨客追求雅致，高風亮節令人肅然起敬。可是從沒見過哪個女孩子，即使是才女也來這樣擺譜的。宋代的李清照可謂是一位大才女了，可人家仍然是個喜歡泛舟遊玩，「沉醉不知歸路」的野丫頭。雅氣太濃，氣質太過陡峭，也就往往曲高和寡，不招人喜歡。

因此，能將「俗」和「雅」融合在一起的，才是一種高境界，這叫做「通俗」。如果一個女孩身上既透露出一股清新的氣息，又帶著一種家常的滋味，見人露出甜甜的笑，與人相處輕鬆自在，這樣的通俗女孩才最招人疼愛。

當代的很多女性都喜歡讀張愛玲的小說，因為張愛玲的小說就具有雅俗融合的特徵，即「新舊文學界的糅合，新舊意境的交錯」。她既關注於人之世俗層面的飲食男女、衣食住行，但同時又能從中對人物的深層意識、人性予以剖析。這樣一種突兀的落差感，反而使她的文章帶有一種新意，當然這也是張愛玲精神世界「大雅大俗」的一種寫照。難怪張愛玲的作品有這麼多的讀者，也許是因為大家都普遍認為如此有俗有雅的人生才夠有滋味吧。

做人也是這樣，做個通俗的女孩，人生也會過得比較圓滿。做一個通俗的女孩，爸媽不用擔心你會像黛玉一樣任性寂寥，也不會像寶釵一樣追逐功名。在《紅樓夢》裡，史湘雲就是這樣一個通俗的女孩，她沒有黛玉那麼文藝，也沒有寶釵那麼務實，她就像是一個天真無邪的小丫頭，沒有太多的規矩，隨心隨性，喝醉了酒，也能枕著芍藥花在石頭上露宿，香夢沉酣。不僅如此，史湘雲詩詞女紅都能吃寄人籬下、半夜做活兒的苦，也能享受雪地割腥啖肉的樂。既嬌憨可喜，又直爽大方，可以精神交流，同甘共苦，讓人都有疼她寵她的願望。

通俗，是一種氣質。不管你生於豪宅大院，還是市井胡同，學一點通俗，總是讓人喜歡。豪宅裡太冷清，你的通俗便是一道暖陽，讓人心生暖意；胡同裡太嘈雜，你的通俗便是一縷春風，沁人心脾。走街串巷，臉上始終帶著笑，見了鄰居點頭問個好，見了小孩抱一抱，讓人看著快樂而舒心。

通俗，是一種心態。通俗的女孩喜歡讀書喜歡思考，但不會故作深沉；通俗的女孩也愛時尚，但在家裡就是一隻慵懶的小貓，可以不修邊幅一整天；通俗的女孩不會將自己束之高閣，她的好姐妹好朋友總是一大堆。

做女人，做個通俗的女人，將雅和俗拿捏得剛剛好，也是一種能耐。通俗的女人，在這個世界上才活得最自在最安穩。

真正的淑女

《詩經》第一篇就是「關關雎鳩，在河之洲，窈窕淑女，君子好逑。」可見淑女，從古到今，都是美好女子的代名詞。可是，到底什麼樣的女子，才算得上是淑女呢？

現代人對於「淑女」這個名詞是不太敏感的。淑女好像就是年代已久的畫冊上穿著長衫搖著扇子的女子；淑女又好像是那些文靜端莊，卻又不人流的女子。從張愛玲的《傾城之戀》裡可以看到，那時淑女是一種身分的象徵——白流蘇是一位殷實人家的女兒，她離婚後被迫回到娘家，雖然要忍受哥嫂的冷言冷語，但仍然放不下淑女的身分，去找一份工作來謀生。可見，在那個慌亂的年代，淑女一定就是大戶人家的女兒，貧苦人家的女兒只配去做工，當丫頭。

淑女確實是個塵封已久的詞了，如今大家追逐的是美女。大家對美的關注程度，催生了大批的「美女」。這真是個美女密度高的年代，各式各樣的美女，大街上隨處可見。雖然天生麗質的美女也並不比以前多，但化妝打扮確實幫助很多女孩實現了美的願望。在美女當道的今天，淑女怎麼行得通？

亦舒在她的小說《圓舞》中寫道：「真正有氣質的淑女，從不炫耀她所擁有的一切，她不告訴人她讀過什麼書，去過什麼地方，有多少件衣服，買過什麼珠寶，因為她沒有

自卑感。」

真正的淑女，是一種遵從自我意願的選擇，是女人味的自然流露。與做一個美女相比，做一個淑女要難得多。美女美在外表，淑女則是內外兼修。淑女不僅是一個名詞，更是一種姿態，自尊自重、驕傲、內斂、不卑不亢、榮辱不驚。這樣的女子，無論她經歷了什麼樣的人生，她的一生都是美好的。

難忘妳那似水溫柔

人類社會，男人代表著陽剛，女人代表著陰柔。正是因為陰柔與陽剛的協調，才有了人性的和諧發展。而溫柔就是女人陰柔之美最好的表現，溫柔之情，是上天賜予女人的奇世瑰寶。溫柔之美是女性美的最基本特徵。

溫柔的女人，性情溫和，待人親切體貼。溫柔是一種素養，它總是自然流露，與人性同在，藏不住也裝不出。溫柔是一種能力，只有內心充滿愛的人才會溫柔，冷酷自私的人學不會它。溫柔是一種美妙的感覺，所有美麗的言詞也替代不了的感覺。

朱自清曾經在他的散文《女人》中這樣來描寫女人：「我以為藝術的女人第一是有她溫柔的空氣；使人如聽著簫管的悠揚，如嗅著玫瑰花的芬芳，如躺著在天鵝絨的厚毯上。她是如水的密，如煙的輕，籠罩著我們；我們怎能不歡喜讚嘆呢？這是由她的動作而來的；她的一舉步，一伸腰，一掠鬢，一轉眼，一低頭，乃至衣袂的微揚，裙幅的輕舞，都如蜜的流，風的微漾；我們怎能不歡喜讚嘆呢？而她那甜蜜的微笑也是可愛的東西；微笑是半開的花朵，裡面流溢著詩與畫與無聲的音樂……」

朱自清把女人的溫柔描寫得淋漓盡致，美麗的女人可以溫柔，平凡的女人也可以溫柔。溫柔是一種光彩，一種奇異的力量，能使平凡的女孩變得出眾。日常生活中，常常聽到這樣對女人讚美：「這個不怎麼漂亮的女人，卻有一種說不出來的特別氣質和魅力！」其實，大家看到的是女性身上的溫柔之力，溫柔的女性像綿綿細雨，潤物於無聲，總是給人以溫馨柔美之感，令人心蕩神馳、回味綿長。

溫柔是一個女人自然性情的流露。當一個妙齡女子面對心愛的人時，她會含情脈脈，低下頭露出嬌羞一笑；當年輕母親面對自己的嬌兒時，心裡就會情不自禁充滿柔情蜜意。溫柔也是一個女人愛的表達，因為心生愛意，所以才會柔情似水，百般耐心。溫柔是一種發自女性內心的魅力，它既不是聲色，也不是語言，是女人的力量和氣質。溫柔，是千年古訓中植根的女性理念，而這種理念，一次次證明了女性恆久的魅力。然而，溫柔也並不是一味的順從和屈從，而是一種充滿女性的默契，是建立在平等基礎上的體貼、寬容和賢淑。

隨著「她時代」的到來，女性自強自立了許多。但是有些人走極端了，她們在不自覺強大的同時，女人的溫柔、善良等天性卻逐漸退化了。女性在當今社會追求獨立人格的同時，不應該放棄溫柔的一面，何況溫柔與追求獨立人格並不矛盾。一些女性認為只有褪去了女性的溫柔特質，就能與男性站在同一等高線上，實際上這是一個盲點。男人需要女人的溫柔，正如女人需要男人的陽剛一樣，這是心理和生理的差異造成的，也是男人和女人之間的互補性要求。其實，女人的溫柔，也是女人征服世界的天然武器。女人為何要失去這個武器呢？

很多女人喜歡看韓劇，大家會覺得韓國女人個個溫柔可人，可是她們一點也不軟弱，給人一種耳目一新的視覺衝擊力，原來溫柔也可以很時尚，很有現代感。韓國女人喜歡打扮，追逐時尚，但她們卻又是傳統的，以家庭為重的。她們的溫柔是對東方女人純粹形象的堅持，也使女人味成了一種精神，一種現代的「軟實力」。而日本女人的溫柔也是出了名的，徐志摩曾寫過一首《沙揚娜拉》來讚美日本女性的溫柔。她們的溫柔不僅僅是外在的語言上或行為上的溫柔，她們更多的是一種內在的溫柔。日本女性往往給人以嫻靜和安寧，這種嫻靜和安寧給人以心靈上的平和，這種氣質是從內心修練出來的。日本女人一直注重以「道」養顏，以「道」修心。在日本，女人透過學習茶道、花道、書道等來提升自己的氣質和修養。

溫柔永遠是女人身上最美好的品性。做女人一定要學會溫柔。

永遠的少女情懷

俗話說，少女情懷總是詩。少女的情懷，婉轉、羞澀、朦朧，懷揣著對美好的嚮往，又帶著一絲淡淡的哀愁。少女時代是一個女人一生中最美好的時光，少女情懷是一個女人擁有的最美麗的東西，它純淨而柔和，好似一株含苞待放的花骨朵，令人欣喜，令人舒心。少女時代可以走遠，少女情懷卻是值得珍藏一生的。

少年時喜歡一個女孩子，往往開始於她那不經意間的一笑一顰，可愛的笑臉，柔情的聲音，輕輕的打鬧，一舉一動都流露出一股清新的少女氣息。可是隨著年齡的增長，女孩子漸漸褪去了臉上的青澀，眼睛裡的柔波，以及可愛的模樣，少女氣息也愈來愈少了。一個成熟的女人，她可以冷靜，可以睿智，可以風韻十足，但在內心深處一定要保留一份少女情懷。有著少女情懷，的女人不會失去純真，她對待世界永遠充滿了愛；有著少女情懷的女人永遠會有一顆樂觀、開朗的內心，不會被世俗所淹沒；有著少女情懷的女人永遠可愛、美麗。

人人都喜歡懷念青春，而少女就是青春裡最美麗的風景。一個美麗的女人，一生都會珍藏一顆少女之心，一份少女情懷。有著少女情懷的女人，無論她經歷了多少歲月的滄桑和時光的流逝，她對生活永遠懷著一份欣喜和感動；她不會被世俗的生活蒙蔽了雙眼，她卻能在世俗之中保留一份純真一份寧靜。「少女情懷總是詩」，這樣的女人一生都在演繹一首首曼妙的詩句。

做一個森林系女孩

如果你還不知道森林系女孩，那你就落伍了。

森林系這個名詞來自日本，森林系女孩是一群生活在都市裡，但純淨自然、崇尚簡單、氣質清新，好像是從大森林裡走出來似的女孩。不做作，不虛榮，不崇尚名牌，偏愛舒適的棉布和麻料衣服，喜歡拿著相機記錄自己的生活，對文學、音樂、美術等也保持著較高的關注度。無論是穿著打扮還是生活態度，森林系女孩都代表了一種小清新的時尚風格。

二○一○年，在日本舉行的「森林系女孩」評選活動中，日本女星蒼井優被評選為森林系女孩的代表人物。喜歡日本電影的人都知道蒼井優，她幾乎是日本文藝片的女王，在青春電影《花與愛麗絲》當中，她用一個紙杯當舞鞋在屋子裡翩翩起舞的鏡頭，美得無與倫比，令人陶醉。蒼井優是個一眼望去就讓人難忘的女孩，五官長得很隨意但恰到好處，笑容甜甜的，有一點孩子氣，安靜而迷人。她身上散發出一種雨過天晴的氣息，可愛得完全不矯情、不脆弱、不任性，還帶著性感。

蒼井優和娜塔莉．波曼（Natalie Portman）一樣，生來便帶著光芒，早早被人發覺，早早出道，占盡了人們的眼球。蒼井的出道可以追溯到公演於一九九九年的音樂劇《安妮》，她在一萬多名候選人中脫穎而出，被選中出演波利一角。從此，她清麗的形象一時間變得家喻戶曉。名導岩井俊二迅速捕捉到她獨有的清新氣質，安排她出演在日中兩國都擁有巨大影響力的《青春電幻物語》中擔任了重要角色。接著，憑藉《花與愛麗絲》中的出色表演，蒼井摘取了二〇〇四年度日本專業電影大獎中的最佳女演員桂冠。近年來，蒼井優參演了大量電影，正以一流青年演員為目標努力磨練演技。在二〇〇五年一年中她連續推出了六部作品，其中包括了《星星少年》、《男人們的大和》等名片。二〇〇六年，蒼井優在人氣漫畫改編的青春戀愛片《蜂蜜幸運草》中亦有出色表現。二〇〇八年，她出演的《百萬元女孩的眼淚日記》，更是打動了無數觀眾。

但是，即使在電影圈摘取了很多的桂冠，蒼井優仍然是個可愛的鄰家女孩。她個性靦腆謙虛，每當別人讚揚她的時候，她總是說自己的成功得益於良好的角色，她只不過是受到了優秀作品的恩惠。然而，在別人眼裡，她就是一個天生的演員，導演岩井俊二更是把這個並不覺得自己是天才的小女孩當成自己的寶貝，讚美著這個孩子身體中「強大的、不可預測的能量」。蒼井優看似柔弱，但她卻具有一種召喚的能量，她也有那種微笑著的簡單的堅韌。

身處都市森林系的女孩也許每天被忙碌的生活充斥著，接受著大街小巷裡傳播的所謂時尚潮流，在各種各樣的人生選擇中彷徨找不到自己生活的重心。一不小心，就會放任自己，隨波逐流了。森林系女孩是一群外表柔弱但內心堅定的女孩，她們也在嘈雜的都市裡生活，但她們可以在這種嘈雜中為自己找到一塊芳草地來安放自己的內心。她們就像是《愛麗絲夢遊仙境》裡的女孩，從大森林裡走來，渾身散發著令人心曠神怡、沁人心脾的清新味道。像仙女、又像是活在這紛擾世間中的桃花源女子。

或許，現在的時代，寧願安靜心靈細品一本好書，細酌一品好茶，不拜金，不虛榮的女孩子越來越少了。但是，只要你在燈火闌珊的背後，還憧憬這一份安寧與踏實，那你離森林系女生還遠嗎？

矜持是一種婉約之美

人們都說，大多數男人都喜歡淑女，而矜持的女人，就是淑女中的淑女。矜持的女人有一種別樣的美。矜持，不同於美麗性感，聰慧無邪，活潑可愛，多才多藝……矜持的女人似一株安靜綻放的花朵，淡然而美麗，但她又不是拒人於千里之外的，她臉上淺淺的笑容使你忍不住想要走近她。

矜持的女人是自尊自愛的，因為矜持，她不肯隨便將自己的感情流露；因為矜持，她不願意輕易投入對方的懷抱；因為矜持，她得到了男人更多的尊重和愛憐；因為矜持，男人都願意將她珍藏，用一生去珍惜呵護。

現代的女性，喜歡追逐個性，宣揚自己的美麗和魅力。更有一些野蠻女友，沒有一絲的溫柔和矜持，說話犀利，個性直爽，把霸道當作酷，視男人為兄弟。這樣的女人，男人怎敢將她娶回家。其實，矜持就是「距離產生美」的別稱。矜持的女人就好像存放年代久遠的香檳酒，越品味道越醇；矜持的女人通常不會在聽完一個自己欣賞的男人的一番甜言蜜語之後，就輕易投入對方的懷抱；矜持的女人在遇到一個苦苦追求自己可自己並不愛的男人時，懂得怎樣婉言拒絕而又不會傷害對方的心。因此，矜持在男人眼裡是一種令人神馳卻又不可褻玩的美。聰明的女人，懂得矜持，該放的時候放，該收的時候收，既體現了自己的修養和魅力，又留給了男人遐想的餘地和空間。

法國作家安托萬．德．聖修伯里（Antoine de Saint-Exupéry）在他的寓言故事《小王子》中寫了這麼一個故事：

小王子有一個小小的星球，星球上忽然綻放了一朵嬌豔的玫瑰花。以前，這個星球上只有一些無名的小花，小王子從來沒有見過這麼美麗的花，他愛上了這朵玫瑰，並悉心呵護她。那一段日子，他以為這是一朵人世間唯一的花，只有他的星球上才有，其他的地方都不存在。

然而，等他來到地球上，發現僅僅一個花園裡就有五千朵完全一樣的這種花。這時他才知道，他有的只是一朵普通的花。

一開始，這個發現讓小王子非常傷心。但最後，小王子明白，儘管世界上有無數朵玫瑰花，但他星球上的那朵，仍然是獨一無二的，因為那朵玫瑰花，他澆灌過，給她罩過花罩，用屏風保護過，除過她身上的毛蟲，還傾聽過她的怨艾和自詡，聆聽過她的沉默……一句話，他馴服了她，她也馴服了他，她是他獨一無二的玫瑰。「正因為你為你的玫瑰花費了時間，這才使你的玫瑰變得如此重要。」一隻被小王子馴服的狐狸對他說。

在男人眼裡，透過自己努力得到的東西就會格外珍惜。一個女人要想得到男人持久穩固的愛，還是矜持一點好。一個能領會矜持本義的女人，往往能激發男人呵護女人的願望，能夠讓男人體現出男人的風采，能夠讓男人表現出強烈的愛意。

矜持是人的一種素養。一個有內涵的女孩，她的生活字典裡是少不了「矜持」這兩個字的。那何謂矜持呢？矜持是一種羞澀，也是一份清高，是對自己的愛護和尊重，那是人的一種高貴優雅的姿態。正因為有了這樣的一種矜持，才使人覺得這個女孩真是一個有氣質有涵養的人。

矜持的女人是婉約的，是高貴的，她的低吟淺笑間就能夠流露出一種賞心悅目的溫和，女人的矜持便好似一條內斂、深邃的小溪，她也許沒有你理想中的那種浪漫、婉轉，卻在目光流轉的神思裡，能讓你領略到某種浪漫的滋味。矜持女人的浪漫，是要能懂得欣賞的男人才能欣賞到的。可以說，一個矜持的女人，便是一棵專心的秋海棠，她的所有激情與浪漫，都只為她期待的那個男人而綻放。矜持的女人是傲氣的梅，她驕傲卻不冷漠，也許她的外表很冷，但是卻不失一種「酷酷」的感覺。

矜持不是故作姿態，矜持也不是古板無趣，矜持是一種美德，矜持是一種體貼，矜持更是一種女性的修養。一個有良好品德的人會在任何誘惑面前顯得鎮定自若，不卑不亢。一個懂得體貼的女性會站在對方的角度上考慮問題，因此不會隨便表白自己的喜好，也非常明白「己所不欲，勿施於人」的道理，只會在你最需要的時候適時出現在你的面前，給你以適當的關懷和溫暖。矜持的女人不會和男人在社會的競爭裡去拔劍相向，因為知道男人適合的事情自己未必喜歡，而自己適合的事情男人也不一定會感興趣，因此和男人會友好相處，平等對待。

矜持是一種婉約之美。矜持女人的婉約是高雅的，她會在低吟談笑間，讓人感受到她的美。一個有智慧的女人，懂得這種婉約，不僅知道自己何時該收，何時該放，也知道該收斂多少又該綻放多少。一個收放自如的女人，一定是一個有魅力的女人，也一定是一個幸福快樂的女人！矜持，就是能掌握這種收放自如的度，拿捏得有分寸。矜持是優秀女人應有的一種品格，是女人能自己掌握分寸和情感的一種體現，它與高傲、任性，保守無關。

美女是修練成的

美貌之於女人，是個永遠的話題。從古到今，這個世界對於男女的要求準則永遠都沒有變：對男人，以才取人；對女人，以貌取人。因此，美貌對於女人來說，是至關重要的。無論我們的書本裡如何強調內心美比外表美重要，但是養眼的女人永遠比相貌平平的女人要受歡迎。

其實，女人大可不必鄙視這樣的評判規則。作為女人，誰不想讓自己更美麗？以貌取人也沒有錯，女人們可以在修練自己內心美的同時，也不忘修練自己的美貌。對自己的身材要苛刻，對自己的相貌要關注，對自己的穿衣品味更是要斟酌。當你對自己的修練已經成為一種習慣時，你真的會一天比一天更加美麗的。

有人說，美是一種態度。美女之所以美，是她們很在意自己，她們不允許自己邋遢，更不會無限放任自己去變胖、變醜。然而歲月卻是無情的，年輕時的美女一大把，年齡往上長一個階段，就會淘汰一批女人。等到老年時，還能留住美麗的女人實在是鳳毛麟角。然而你不得不服氣的是，有的女人就是有這樣的本領，無論她的年齡有多大，都絲毫不影響她的美麗，如趙雅芝、張曼玉。

其實，和任何事物一樣，美麗也是有內涵的，也就是精髓，只要你抓住了它的精髓，也就抓住了它的靈魂。天生的容貌我們無法改變。我們需要做的是靠著後天的努力和修練，一步一步成全自己。當然，在這條路上充滿了艱辛，只有內心足夠強大的女人才可以走得下去，看來外在美還是需要內在美做支撐的。由內而外散發出的美麗，才是真正的，經得起時光磨礪的美麗。

張曼玉就是這樣一個經得起時光雕刻的女人。有人說張曼玉是貓，她的眼睛任何時候都熠熠閃光；有人說張曼玉是薄荷，她的笑容隨時隨地讓你透心清涼；有人說張曼玉是小品文，輕靈含蓄言簡意賅。人們看到張曼玉，總會詫異於她那一份氣定神閒的感覺。她這份雍容，就像女人的圖騰，讓女人們欣賞卻不奢望與她同行。

由黃毛丫頭變成選美皇后，從花瓶到影后，她就是張曼玉。一個在銀幕上有著千種面貌，萬種風情的女人。一個在歲月與鏡頭裡不斷修練著的女人。一個氣定神閒，雍容華貴，平淡自然，從生命深處散發出獨特魅力的女人……

一九八四年到一九八八年，張曼玉演出了近三十部電影。早期的時候，別人並不看好她，那時喜歡她的人也只知道她是個港姐，放在電影裡做花瓶的那種。但是，她那時唯一想做的就是證明自己會演戲。一九八八年王家衛拍《旺角卡門》，找她演女主角，王家衛獨特的拍片風格令張曼玉對電影的認識完全改觀。她說那一次她開始真正懂得演戲。一九八九年，張曼玉憑《三個女人的故事》奪得金馬獎最佳女主角獎，這是她平生的第一個影后。二十六歲時，又以《阮玲玉》獲當年金馬獎最佳女主角。後來她拿的電影獎項越來越多，人們終於對她刮目相看，她也就是這樣透過自己一步步的努力和修練，完成了自己華麗的轉身。

張曼玉是一個真正的美女，在她身上有一股難以抗拒的魅力，她的美麗是修練而成的。

公主命與公主病

公主是什麼？在古代，公主是皇帝家的女兒，天天錦衣玉食，要什麼就有什麼。在現代，公主就是那些富家女們，仗著老爸有錢，穿的是名牌，開的是寶馬，後面還跟著一幫急切獻殷勤的男女。這些女孩真的是好命，這樣的好命俗稱「公主命」。

現實中的公主實在是太少了，而想要當公主的女孩實在是太多了。難道只有這些公主們才能享受到公主般的待遇嗎，很多女孩對此憤憤不平。在韓國浪漫愛情劇中，許多女主角嬌滴滴的樣子，堪稱稱「公主病」的典範。「不是公主怎麼了，我們貌美如花，生在小家小戶也是嬌生慣養長大的，憑什麼不能享有公主的待遇。」於是，「公主病」這個名詞開始大肆流行起來，很多女孩子也紛紛效仿，一時間大家都染上了「公主病」。

這些患上「公主病」的女孩們往往是心理年齡小，自我感覺良好，在任何場合都要求獲得公主般的待遇，有明顯的自戀傾向，遇到困難往往選擇逃避抱怨，做錯了事希望別人為自己埋單。有人說，公主病實際上是彼得潘症候群（不願長大的大男孩）的女版，是一幫拒絕長大的女孩。

在童話故事裡，公主美麗而柔弱，王子英俊而勇敢。他們從小集萬千寵愛於一身，他們沒有別的事情可做，因此公主的歷史使命彷彿就是等著王子來拯救，而王子的歷史使命主要就是拯救公主。可是我們不得不告訴女孩們的是：童話故事很美，現實很殘酷。「公主病」看似很美，只要長著一副甜美動人的面孔，再加上嗲聲嗲氣的聲音，就可以成為男人追逐的對象，理所當然接受別人的照顧。可是真的人有人有耐性把你當小孩照顧一輩子嗎？隨著你年齡的增長，如果還是一副心理弱智的樣子，相信別人是會被嚇跑的。真正的現實是：只有很少數的人可以當一輩子公主，大部分顯然是不可能的，「公主病」還是應該早點治癒好。

「公主命」並不可怕，女孩子總喜歡被人照顧，被人疼愛的感覺，可是也許你在家裡是個小公主，但面對這個社會，你只是很渺小的一個，沒有人會總是處處讓著你，當你想要別人關心你的時候，你想過自己曾經關心過他們嗎。沒有人為你保駕護航的時候，你必須學會自己走自己的路，自己犯了錯誤就要勇於承擔，只有這樣你才會獲得幸福的人生。

女孩們，你們可以做自己的公主，但不要指望做全世界的公主。擺脫不掉「公主病」的女孩，最終會害了你自己。這個世界本來就是堅硬而殘酷的，要想過得舒服自在，你必須先學會向別人微笑，只有這樣你才能收穫別人的真心。

文藝，但要腳踏實地

文藝是一種情懷，文藝是一種氣質。有文藝氣質的女生，多半是美麗的。她們永遠是人群中最獨特的自己，穿白色棉布裙子和帆布鞋，自然純淨。她們和眾人保持著一種距離，永遠是一副愛誰誰的表情，有一點乖張有一點偏執，愛音樂、愛電影、愛小說，做一些華麗麗的夢，追求並建設著屬於自己的小世界。

然而，如今的「文藝女青年」慢慢變成了一個略帶諷刺感的詞彙。做作、矯情、偽小資成了文藝女青年的另一個含義。也許在今天這個務實的社會裡，文藝女青年的那種不痛不癢的傷春悲秋的情懷，不經意惹怒了大家那顆疲憊的內心。文藝的情調是種高雅的情調，不同於世俗的柴米油鹽，普通人想玩也是玩不起的。於是，大家群體憤怒了，憑什麼我們為了生活無處話淒涼，而文藝女青年們還在那略帶著一絲憂鬱的迷惘。很多女作者們也紛紛拿起筆來痛斥文藝女青年的精神瘙癢，文藝女青年成了一個遭人白眼的群體。

文藝，真的有那麼可怕嗎？其實，文藝情懷不過是青春期併發症，每個人都在為賦新詞強說愁的年紀，中過它的毒，或多或少為了那些難以名狀的憂鬱和哀愁。只不過，後來在庸碌的生活中世俗掉了。正如莊雅婷所說，「人都是這樣的，從詩意的情懷終將踏人庸常無比的生活，不再有多餘的精力和體力去維持心中『瀟湘館』的雅致與獨立，只願意選擇一個舒服的姿勢呆著。折墮之後，看到不管不顧的年輕人依然在奮不顧身的燃燒自己，難免也要說上幾聲風涼話兒吧。」

其實，文藝代表了一些女孩青春年華裡的一點情懷，等她們一點點長大，認識了這個社會，才發現文藝與這個世界存在著許多的矛盾。文藝，可以滋養你的心靈，但卻無法許諾你找到好的工作，給你帶來安穩而踏實的人生。於是，許多人嘲笑文藝女生，不實際不務實。因為在他們充滿秩序和規則的世界裡，車、房子、薪資、頭銜這些實實在在的東西才是最重要的，而文藝女青年只會活在自己的世界裡。

如果你真心的熱愛文藝，不妨就做個文藝女生吧。但是，你一定要學會脫離華而不實的矯情，學會腳踏實地去生活。文藝不是你拒絕學習拒絕成長的藉口，文藝也不是你軟弱和不負責任的藉口。

小荷是一個標準的文藝女青年，她喜歡讀外國小說，喜歡的作者都是一些長長的、念著不很順口的外國名字。她時常把自己當成書裡的人物，演繹著一種與我們不同的生活。小荷喜歡物質、熱愛生活，月薪兩萬元的她可以節儉伙食，卻要出手闊綽買一瓶一千元的香水；小荷從來不在嘈雜的小餐廳裡吃飯，她寧願在高級而優雅的餐廳裡喝一碗湯；小荷會餓一頓肚子然後去壽司店裡吃壽司；小荷的世界裡只有音樂和書。

小荷的世界是她自己臆想出的世界，她在這個現實而世俗的世界裡空洞而迷茫生活著。她像所有的文藝女青年一樣迷戀自己，卻無法面對真實的自己。她愛孤獨愛迷茫愛虛幻，卻不願意和這個真實的世界進行對話。她從來都是形單影隻生活，因為她說別人都不了解她。她寂寞的時候聽陳綺貞的歌，看生澀難懂的外國小說。她愛過一些男人，但她對男人失望之極。她熱愛旅行，在自己的影子裡獨自前行。

小荷是安妮寶貝筆下的安生，漂泊、流浪是她的宿命，一邊熱烈渴望愛情，一邊殘忍自我保護。她以為自己跳出了世俗塵世的怪圈，其實她是進入了另一個精神怪圈。她對尋常的人與人之間的交往一概不知，她在自己的精神世界裡折騰生活著。本來是世俗社會裡的一個人，她卻要讓自己像神仙一樣脫離塵世。她不懂得文藝只是一種情懷，只是我們內心身處的一種嚮往和迷戀。她把文藝當糧食來吃，拒絕真實的世界，只剩下一顆無處安放的靈魂。

文藝是一件美好的事物，文藝女青年更是美好裡的美好。但是如果你沒有弄懂生活的真正意義，你就很容易陷入一種自我迷戀的境界，這是文藝所產生的消極結果。文藝的真正境界是，使你對人與人之間的關係、情感更具有理解力，進而具備一個更加寬容和接納力強大的胸懷。這樣的文藝才是真正的脫離了華而不實的矯情，使你更加腳踏實地走自己的人生。文藝不過是一股穿堂而過的風，喚起了你內心的激越和靈動。文藝使你領略了生活的另一番滋味，卻絕不是讓你脫離真實，走向虛幻。

能力是一種極致的性感

性感究竟是什麼？這不僅是男人的話題也是女人的話題。性感是一種由內而外散發出來的氣質，這種氣質不是有了漂亮就可以駕馭的。漂亮的女人很多，稱得上性感的女人卻不多。

一次，我和朋友在大街上遇見一個非常美麗的女孩，天使般的面孔，纖細的身材，稱得上美麗動人。當我們在讚嘆她的美麗的同時，朋友說她雖然很美，但總覺得缺少一點什麼。我說她缺少的是生命的質感。她看起來就像是一盆在溫室裡細心培育出的花朵，只能在一個舒適的環境下生存，經受不了一點點的風吹雨打。她的美太輕飄了，沒有質感。很多女人大都希望有張漂亮的臉蛋，靠著這張臉蛋去獲取異性的垂青和寵溺。只是，那份美麗，美得沒有姿態，即便有幾絲誘人，也終是樹蔭下的小草！性感是種很厚重的底蘊，是種很張力的特質，沒有能力的女人，就沒有那種自信來駕馭性感！而一個沒有能力去駕馭性感的女人終究，不過是美在一時。

女人的性感，是一種能力，是對自己、對他人的掌控能力。只有能力才是一種極致的性感。

若干年前的英國，一個九歲的小女孩在學校贏得了詩歌朗誦賽，校長表揚她：「瑪格

能力是一種極致的性感

麗特，你真幸運！」這個小女孩卻搖了搖頭，十分鎮定：「我不是幸運，這是我應該贏得的。」若干年後，小女孩成為了英國首相——柴契爾夫人，她用自己的言行告訴女人們一個道理：只有做強勢的女人，才能擁有強勢的命運！那種王者般的自信是種令全世界傾倒的性感！

一個性感的女人，無論是在凝神靜思還是侃侃而談，她的舉手投足之間，都充滿著一種感染力。性感不像漂亮那麼膚淺，讓人一眼看穿。性感是一種神祕的力量，性感的女人周身都充滿著新鮮感，她不會挖空心思取悅別人，她只會一點一滴發掘自己的美麗。就像英國作家格麗芬（Victoria Griffin）在她的婦女解放論著《情婦》一書中總結的：那些征服權貴的女性，並非世界上最美的女人，而且甚至不具備我們通常意義上的姿色，但是她們可以征服一個甚至數個最具魅力和權力的男子，完全是因為她們擁有知識上的交流，和主動示愛的勇氣。

一個女人要想性感，就不要只把重心放在外在的美麗上。美麗的面孔，玲瓏有致的身材，這樣的美，美得短暫，美得沒有震撼力。真正的性感是人們所看不見的東西：沉迷的聲線、眼中的靈光、無言的堅持，還有你的一切。你的成功或你的坎坷，你的堅持或你的勇氣，你的豔麗或你的嬌弱，這些由經歲月沉澱的魅力，才是一個女人真正性感的味道。

輕熟女比澀女更有魅力

當女人告別了花季，她就成了一棵樹。雖無盛放時的風情，但應有守候的堅韌，沒有蝴蝶的寵愛，但有泥土的滋潤。如果你已經過了那個天真無邪的年紀，就不要再嗲聲嗲氣裝嫩；如果你還想擁有那一份留在內心深處的可愛，但你已經有了一顆睿智的頭腦，你的成熟中帶著一絲小可愛，你的天真中又不乏理智，那麼就做個輕熟女吧。

女人總是懷念逝去的時光，總是想留住自己的青春。十幾歲時青澀無知的年紀，可以盡情笑，盡情哭，盡情釋放自己的內心。少女似清晨的露珠，似含苞待放的花骨朵，對未來充滿了期待和欣喜的嚮往。而輕熟女則早已沒有了那顆輕鬆而勇於釋放的內心，少女的任性已經被現實磨礪得消逝了色彩，調皮的嬉鬧也已悄悄沉澱為舉手投足的優雅。如果說，少女是一張沒有塗鴉的白紙的話，那麼輕熟女就是一張色彩鮮豔、內容豐富的畫。

張愛玲說過「出名要趁早」，可是名模林志玲到了三十歲才成名。我們不認識三十歲之前的林志玲，因為她在三十歲那年剛剛走紅。在加拿大多倫多大學拿了雙學位，回到臺灣做模特兒默默無聞好多年，三十歲上電視做主持人，突然一夜竄紅，數度成為男性票選最高的「夢中情人」。這位男人心中的女神已三十六歲，她還是很美，並且被公認智商情商都很高，她知道自己要什麼……她美麗她聰明，從她身上，叫人不得不認可那句話——三十歲才是女人最好的年紀。

林志玲甜美、性感、嬌嫩、溫婉，並非豔光四射，卻普照四方，溫柔、微笑著把自己推到觀眾面前：「大家好，我是林志玲。」但美女的進化並非一蹴而就，她被網友曝出成名前的許多舊照，那時的她皮膚很黑，招風耳也很明顯，稱不上美女。如今三十多歲的她很美，但被記者問起，三十歲會不會太老時，她回答：「三十只是一個數字，你忽略它，就可以輕鬆面對一切。美麗需要經年月累積，累積的自信會令你更美麗。我覺得三十歲的女生其實很美，她們有很多小女生沒有的東西。我希望告訴那些三十歲的女生，三十歲的女人其實很好的。自信和安全感都是要靠自己給的。」

是啊，三十多歲的林志玲成為男人心目中的女人，足以說明了輕熟女的魅力。輕熟女將容貌、氣質、智慧集於一身，散發出一種成熟的女人味。但她們卻依舊年輕，好像歲月沒有在她們臉上留下任何痕跡。她們在最初的疼痛中體悟了成長，變得更加堅強。因而，她們開始學會將感性與理性調配適當。她們合理克制自己的欲望，辨得出正確的人生方向。她們偶爾會故作天真，偶爾又會扮作成熟。她們可愛又不失女人味。

輕熟女的內心豐富，氣質取勝，十分耐讀。花是用來看的，而「輕熟女」的美，是用來讀的。看不見她們美麗的人淺薄，讀出她們的韻味的人幸福，而且這種感覺持久不衰。由內到外的修習，會使一個女人散發出一種不可言喻的魅力，她不造作，不包裝，並形成一種氛圍。這種氛圍猶如磁場，吸引著男人的目光和心思。

輕熟女會寬容人、關懷人，自然而然會約束自己的言行，一種有力量的溫柔，博大、積極、溫暖人心。小女生也許只會伸出手讓別人牽，而「輕熟女」更懂得伸出手，輕拍你肩上的灰塵，或者為你整理一下衣領。動作簡單，卻溫暖十足。這種細微的舉動是小女生所不能注意的，正是這種細微的體貼，才讓男人們著魔。

輕熟女懂得運用性感，當男人讚許的目光投向她時，她也不會羞澀的低下頭，而是自信報以微笑；她更知道發揚清純，依然保持著小鳥依人的柔情和偶爾撒嬌使小性子的可愛，讓男人從心底生出一種呵護感來。

輕熟女依然單純，她們尚未經歷婚姻，對愛情仍懷有期待。她們像小女生一樣，喜歡在深夜十二點煲電話粥，喜歡發短信，還會和閨蜜念叨男朋友的傻事。在和男朋友相處的時候，偶爾會撒嬌，會害羞，會刁蠻任性，其實只會惹人更加疼愛。輕熟女當然性感，深V領、裹胸裙、開背裝，敢穿敢露有資本又自信。她有著成熟的身體和方式，也有著年輕的激情與動感。單純而性感的輕熟女，時而蘿莉塔時而御姐，男人總是深陷而樂在其中。

「壞」女孩走天下

俗話說：乖女孩沒糖吃，壞女孩走天下。好女孩是安靜的、乖巧的，壞女孩就是喧鬧的、大大咧咧的；好女孩總是羞於表達自己內心的想法，壞女孩則是直接表達自己的喜怒哀樂；好女孩善於花小心思來取悅別人，壞女孩則明白悅人先悅己；好女孩靜靜等著男孩來愛自己，壞女孩則是敢於大聲說出「我愛你」。好女孩有好女孩的美麗，壞女孩有壞女孩的個性。

也許你仍然沉浸在那個青澀的、白衣飄飄的年代，也許你已經習慣了做沒有稜角的乖乖女，也許你還不知道怎樣在這個世界上競爭，也許你正順著自己的步伐一步一步走著自己安穩的人生，也許你從未想過人生會有什麼樣的改變。等到有一天，當你的生活突然發生了變化的時候，你是否有勇氣勇敢做你自己。做壞女孩並不是教你使壞，教你走錯誤的人生。相反壞女孩比好女孩更有魅力更有吸引力，因為她們真實，因為她們願意做自己。

好女孩就像是從小被父母小心呵護極了的女孩子，說話柔柔的，做事也沒有原則，一切聽從父母的安排就好了。在愛情裡，好女孩習慣了等著男孩來愛自己。一旦愛上了，她便努力付出自己的愛心，因為太愛所以容易迷失自己。壞女孩則不一樣，她從小就學會了掙脫父母以愛為名的籠子，她有自己的做事原則，她習慣於自己安排自己的人生。遇上愛情，她會愛得瘋狂；一旦不愛了，她大哭一場，繼續愛自己。壞女孩有著一股行走天下的豪氣，那份自信和傲氣使她更容易接近自己想要的目標，更容易得到幸福。

其實，「壞」女孩的壞，壞的可愛，壞的矜持，壞的有原則。她們懂得欣賞自己，知道自己的魅力。她們知道未來很美好但也充滿著艱辛，她們願意堅定走自己的路。不管你是一個外表多麼柔弱的女孩子，你一定要在內心強大起來。就像張韶涵所說：「我的內心住著一個男人」——她要像一個男人一樣行走天下。這樣的女孩活得自在，活得坦然，也必定活得不俗。

八卦女的境界

女人天生喜歡八卦。八卦是女人生活中一道不可缺少的美味點心，是女人生活裡的一場重要的戲，是女人放鬆神經的最佳妙方，是女人獲取別人資訊的最佳管道。八卦對女人的凝聚力超過一切崇高的精神交流。八卦有一種神奇的力量，使許多女人因八卦而相識，也使許多女人因八卦而撕破了臉。八卦，八卦，女人的愛，女人的恨，全都交織在了裡面，演繹成了一出出的人間趣事麻煩事。

女人的八卦是不分場合的，不管是在餐桌上，宿舍裡，聊天軟體上，購物的途中，還是在閨蜜的臥房，酒吧裡，部落格上……地點、形式通通不重要，重要的是一起八卦的那個人，一起八卦的那個「場」。這個過程，真是有趣。沒有辦法，上帝給女人的禮物就是一雙敏銳的眼睛、一張挑剔的嘴巴和一顆八卦的心。

為什麼女性愛八卦？也許女性有更多傾訴和聆聽的情感需求。因此，女孩從小就喜歡和媽媽「咬耳朵」，長大後則是和自己的閨中密友來分享彼此的小祕密。心理專家指出，通常而言，只要八卦得適當、不過火，的確對女人心理健康有好處。「八卦的本質就是一種分享與打探。相對而言，女性的角色偏『弱』，也較易沒有安全感，所以她們愛說話、愛打聽。而八卦是對他人的人際關係以及這個世界的真相的一種了解。女性探索到的未知祕密越多，安全體驗也越多，人也在瞬間變得輕鬆。」

八卦雖然看似美妙，但也是深藏陷阱。想要維持一件事情的美妙，就要遵守一定的規矩。做事有做事的規矩，八卦也有八卦的底線。大家聚在一起談天論地，說說笑笑，你諷刺一下她，她揶揄一下你，輕輕鬆鬆，無比美妙。娛樂新聞是談資，某某明星是談資，你的工作是談資，她的愛情是談資，談來談去，無非是一場華麗的談話秀。這樣的談話無關痛癢，無拘無束，有節有趣，但是經不起一些人的肆意推敲和猜測。本來是一場無腦的亂說亂講，你非得運用你的大腦對這些毫不相關的資訊放在一起拼湊，甚至妄加推測，更可恨的是，還要故意去誇大事實，詆毀別人，亂串小道消息。這樣的八卦是沒有道德的八卦，也是深藏殺機的八卦。聰明而知趣的女人絕不會去碰它。對八卦，我們最好有所底線，有所距離，讓彼此有空間，有些想像，任何談資一笑而過，千萬別當真就好。

一次，寧夏去參加同學聚會。大家一坐下來，噓寒問暖了幾句之後，就變成了一個八卦的論壇。三三兩兩聚在一起，談東談西，好不熱鬧：什麼小a去了美國；小a和小b本來是一對相愛很久的同學戀人，現在竟然分了；小c傍上了一個大款；小d混得最有出息……聚會之後，人群散去，一切恢復平靜。可是沒過幾天，寧夏的生活就出了亂子，不知道哪個多嘴的告訴寧夏的男朋友，說寧夏和她的初戀情人在同學會上見了面就難捨難分之類的話。事實上，寧夏只不過是和初戀情人說了一句問候的話而已。這種消息傳得也太不夠意思了吧。從此，寧夏再不去參加什麼同學聚會了。

現代女性壓力較大，不管是生活上還是事業上都需要靠一些輕鬆點的東西來減壓。八卦就是女人生活中的一個樂子，是生活中輕微或曖昧或出格的一點點調侃，頑皮而不致命。八卦是調侃，是娛樂，是分享，是放鬆。八卦之於女人，要讓它變成生活裡的調味品，而不是惡意的傳播。

八卦裡的女人，都非常的可愛，一點點的小天真，小做作，小任性，小胡鬧，將女人的真性情淋漓盡致表現出來。八卦讓女人更加有趣，也讓女人更加的迷戀八卦。如果你也是個八卦女的話，不妨也做個可愛的八卦女，堅守八卦的底線，讓它更加良性發展。

放下虛偽的假面具

有人說，女人的虛榮是天生的。也有人說，女人的虛榮是男權社會培養出來的。但不管怎麼說，虛榮都是一個枷鎖。被虛榮感綁架了的女人，會漸漸失去現實感，迷失自己的方向。她們不斷裝扮自己，希望自己成為別人眼中的某某形象。她們漸漸忘掉自己的樸素的內心，活在一種虛空的感覺之上。總有一天她們會墜落下來，摔得很慘。

生活中，有的女人常常很在意自己在別人的眼裡究竟是一個什麼樣的形象，因此，為了給他人留下一個比較好的印象，許多人總是事事都要爭取做得最好，時時都要顯得比別人高明。在這種心理的驅使下，她們把自己推上一條永不停歇的、痛苦的人生軌道。

常見一些女人，是一群十足的購物狂。為了美麗，為了虛榮，她們整天在化妝品店和服裝店裡忙碌，而那些時裝雜誌更是為女人的虛榮提供了思路和引導。當這些女人把精力全都用在跟一些虛榮相關的瑣事上時，也就沒有其他的精力再去做別的事情。當別人讚美她漂亮時，她自然是不惜花重金去購買那些名牌時裝和高級化妝品。但購物帶給人的快樂是有限的，當她生活緊迫時，她就不得不節衣縮食去應付生活。其實，站在舞臺上的人是需要靠這些所謂的時尚去裝點的，而現實的生活裡做一個舒適的自己才是最重要的。

張曼玉曾經說過，「我的身體裡活著兩個張曼玉。一個早上提前兩小時起床，端坐鏡子旁讓化妝師和髮型師十指齊飛，描出一個精光璀璨的女神才出門；另一個素面朝天，騎自行車或者搭地鐵穿越巴黎的街道，看到名牌衣服會想『那是大明星張曼玉某次參加晚宴穿過的衣服，我才不想穿』，皺皺眉就走開。」怪不得張曼玉有那麼多的影迷喜歡她，這源於她的內心的質樸和誠實。無論在舞臺上她有多麼豔麗風光，可在自己的生活裡，她情願做一個樸素的自己。

在莫泊桑（Guy de Maupassant）的小說《項鍊》中，女主角瑪蒂爾德是一個美貌但出身普通的女子，沒有結交有錢人的機會，於是只好嫁給了一位平凡的小職員。但這樣的生活並沒有澆滅瑪蒂爾德渴望過上上等生活的野心。在她終於有一天可以去參加上流社會的舞會時，她被虛榮心驅趕著向有錢的女朋友借了一串珍珠項鍊。

在那天的舞會上，瑪蒂爾德果真成了整個舞會的亮點。她比一般女賓都要漂亮，時髦，迷人，不斷微笑，並且樂得發狂。一般男賓都望著她出神，探聽她的姓名，設法使人把自己引到她跟前作介紹。本部機要處的人員都想和她跳舞，部長也注意她。她用陶醉的姿態跳著，用興奮的動作跳著，她沉醉在歡樂裡，她滿意於自己容貌的勝利，滿意於自己成績的光榮；滿意於那一切阿諛讚嘆和那場使得女性認為異常完備而且甜美的凱歌，一種幸福的祥雲包圍著她。所以她什麼都不思慮了。然而，不幸的是，她的那串借來的項鍊卻不小心被弄丟了。於是，她為了還債，付出了十年艱辛的勞動，也使自己變成了一個憔悴不堪的婦人。可十年後才知道，她曾經借的那串項鍊是假的。這樣的結局是給她虛榮的一個很大諷刺。

一個無限縱容自己虛榮的女人，無疑是給自己帶上了一個假面具。她情願活在別人的眼睛裡，也不敢面對真實的自己。生活中許多女人因追求華而不實的東西而變得虛榮，在虛榮的驅使下很容易墮落。

菁菁是一個來自山區的女大學生，不僅長得漂亮，而且勤奮好學。但當她穿著簡樸的衣服出現在那些時髦、闊氣的同學面前時，她感到自慚形穢，內心有一種深深的自卑感。她渴望自己可以和其他的女同學一樣打扮得漂漂亮亮。後來，聽說去夜總會打工很賺錢，於是她就找了一家夜總會做兼職。在這裡，她遇到了形形色色的人，也在這個表面的浮華中迷失著自己。她從客人們的眼中真正體會到了女孩子漂亮的價值，簡直不費吹灰之力，錢就掙到手了。雖然她從內心鄙視這樣的做法，但因為虛榮，她太想要和別人一樣穿得漂漂亮亮，用著名牌筆記型電腦了。就在這虛榮心的驅使下，她一步步走向了墮落……

放下虛榮的假面具，你才能活得真實，活得自我。被虛榮麻醉的人們，總有驚醒的一天。不想做虛榮的犧牲品，就勇敢做自己吧。

嫉妒是女人的大敵

大凡是女人，都是有嫉妒心的。一個女人往往會因為另一個女人的美貌、才華，氣質而產生嫉妒之心。生活中常見到這樣的情況：別人長得好看她嫉妒，別人有錢她也嫉妒，別人有才華她也嫉妒……一個各方面都很出色的女孩子很容易受到同性的排擠，因為她太耀眼了以至於遮住了別人的光芒。其實，嫉妒是一種扭曲的劣等心態，你嫉妒了別人，也就證明了你承認自己不如別人。總是拿別人的優點來折磨自己，當然就不會好過。

嫉妒是女人的大敵

強烈的嫉妒心往往來源於一個人內心的狹隘。一個不懂得如何控制自己內心嫉妒的女人，往往會陷入一種缺乏理智的狀態。一個內心充滿了嫉妒的女人，等於自己堵上了自己心靈的視窗，內心充滿了掙扎。而這樣的掙扎在心底慢慢累積，一旦發作，便勢如洪水猛獸，使得她們喪失理智，甚至做出破壞別人的事情。強烈的嫉妒心，不僅在迫害別人，同時也給自己帶來災難。

蘇童的小說《妻妾成群》，就描寫了這樣一個故事。在一個封建家庭裡，一個男人娶了四個女人做太太。四個女人之間充滿了爭鬥，然而這個男人卻可以不動聲色讓她們自相傷害，他只不過是利用了女人的嫉妒心而已。年輕的女學生頌蓮由於家道沒落，又不願意像那些窮苦的女孩子一樣選擇做工養活自己，於是她選擇了嫁人，嫁給了一個年近五十的男人做四姨太。她本來是個清純的女孩，但一旦進入了這個充滿了灰暗色彩的大家庭裡，她也在一步步走向滅亡。大太太口口聲聲「罪過罪過」，卻是家族規矩的女執行人；慈眉善目的二太太是最心狠手辣的算計者；戲子身分的三太太嫉妒之餘又扮演著別人的情人；四太太頌蓮從清純的女學生淪為瘋癲的行屍走肉……每個人都在算計著別人，同時又被別人算計，一番鉤心鬥角，死的死了，瘋的瘋了，活著的都是幾個窮凶極惡的角色。四個女人都被嫉妒之心灼燒著，她們一起把她們的命運拴在一個男人的脖子上，並且像一棵瀕臨枯萎的藤蔓在稀薄的空氣中相互絞殺而爭得那一點點空氣。最終，頌蓮發了瘋，而老爺又娶了新的五姨太進門。

嫉妒是人的本性。有嫉妒心的人看到別人身上的優點時都會有一種疼痛的感覺，好像一根針霎時戳傷了自己。作家張悅然在自己的小說《霓路》的序言中曾寫道：每當看到那些優秀的人物，我總是受到一種打擊。我必須把自己一點一滴擊碎，然後再重新構建一個新的自己。是啊，每個人都喜歡自己有足夠的優秀，但是每個人都是不完美的，我們要學會釋放自己的嫉妒心，將它轉化為一種欣賞的力量。學會了欣賞別人，你才能夠做一個更好的自己。

面對別人的優秀，我們要勇於承認並樂於學習。而不是像一些很沒品味的女人一樣躲在背地裡說別人的壞話。被譽為「臺灣主持界一姐」的陶晶瑩並不是一位很漂亮的女生，但是她自信坦誠，大方熱情，既勇於接受自己的不完美，又能積極表現自己出眾的一面。陶晶瑩主持風格別出心裁，話題隨意，常常玩得嘉賓和觀眾心驚膽戰，她卻樂不可支。大家對她的評價是：在臺上表現冷靜成熟，很有大將風範；有思想，知書達理，溫文爾雅，評價問題客觀有理。在一次「臺灣十大完美女性」的評選活動中，陶晶瑩奪得冠軍，而那位長相十分亮麗的女模林志玲僅排在了第四名。而陶晶瑩對此笑著說：「若真的在外表上比較，我可能會輸她們一大截，但是我的魅力卻並不輸給她們！」

喜歡嫉妒的女人真的是有點傻氣，拿別人的優點和自己過不去，讓自己整天活得不開心，甚至失去自我。聰明的女人應該懂得及時收起自己嫉妒的火焰，用一顆寬容的心來對待一切。更要學會欣賞別人，不斷完善自己。

時代不同，女女不同

什麼才是女人味？什麼樣的女人才有女人味？時代不同，女人味的含義也會有所不同。在古代，也許那些舉步三寸金蓮的女子才是有女人味的女人；在近代，也許那些身穿旗袍，搖曳多姿的女人才算有女人味；可到了我們這個多元化年代，女人味的含義也變得複雜多樣了。

女人味是一個溫柔的眼神，是一個優雅的姿勢，是一個淺淺的笑意，是一句淡淡的問候，是一個無言的關懷，是一個體貼的舉動，是不經意流露出的品味，也是處亂不驚的寧靜心態。

溫柔可愛是一種美，性感火辣是一種美，端莊大氣是一種美，秀氣乖巧也是一種美。不同性格的女孩演繹著不同的女人味。時代不同了，女女也不同，女人味也有了更多的演繹和詮釋。

二〇〇五年的夏天，李宇春，一個留著帥氣短髮、中性打扮的個性女孩徹底顛覆了人們對美的界定。無論外界的評價如何，她依然保持著待人本然、得意淡然、失意泰然的個性，並以其超強的人格魅力、愈加綻放的音樂才華和令人驚豔的表演靈性征服了越來越多的人。當被人稱作「春哥」的時候，她不予理睬。當被記者問及她的成功時，她沒有像別人一樣侃侃而談，她只說了一句：「世界上只有一個李宇春，時光也不會回到二〇〇五年。」誰能說李宇春的美不是一種女人味呢，誰規定女人味不可以酷呢。

所謂女人味，是一種個性，每個女人都擁有，只是各不相同。女人味是隨年齡而變化的，年輕的時候你會覺得樣子漂亮、身材好就是美，後來你會發現女人要有經歷才有發自內在的美，才會越來越有女人的味道。

張曼玉有高貴的女人味。她的韻味已經可以超越時間，即使是撥弄一絲頭髮都有著風情無限。她認為自己的心態還是和二十年前一樣，讓每一天過得精彩那就足夠了。她每一場演過的戲，每一個愛過的人，都為她平添幾分味道。她不必像別人一樣用一張娃娃臉來混跡江湖，她懂得讓時光來給自己加分，就像她自己所說「我幾歲，女人最好的年紀就是幾歲」。

莫文蔚有神祕的女人味。她像一個最純真的女妖，笑容燦爛，眼神蠱惑。她不喜歡在媒體上說東說西，可能是這樣的原因，大家會感覺她很不愛說；她說自己有空的時候出海去看看海豚，心情就會變得非常開心。做女人應該是被呵護的，自己簡單一點，快樂一點。

林志玲有嬌嗲的女人味。光滑的皮膚、模特兒級的身材、良好的修養、甜美的娃娃聲，林志玲毋庸置疑。她說自己不介意被人稱為花瓶，因為這起碼可以說明她給人的第一印象很好。女人不應該排斥能讓自己更光彩的小妙招，比如撒嬌。既然撒撒嬌可以讓你變得更可愛，能讓你更有風情，為什麼要抗拒呢。

舒淇有真實的女人味。率性的女人，從不隱晦自己的經歷，坦然面對生活中的快樂與痛苦。她從不介意人家講她拍過三級片，以前常常被別人這樣說，她也習慣了。以前她也許是年少無知，但是沒有那段經歷，恐怕也就沒有現在的舒淇。

伊能靜的女人味是才氣。演戲間歇，她與文字惺惺相惜，瘋狂看書也飛快寫書，也只有這種骨子裡的喜好才會令人如此真實。她認為女人味是一種被愛的感覺，被你的愛人、親人、工作夥伴和支持者深深熱愛並欣賞，你就會有女人味。

是啊，不同的女人有著不同的女人味，只要你能演繹出你的精彩，你就是你。社會學家李銀河說，「時代不同了，男女不一樣，女女也不一樣。套用馬斯洛的五種需求理

時代不同，女女不同

論，從最低的生存需求到最高的高峰經驗，我覺得高峰經驗就是女人們追求的目標吧，就是一種自我實現。這種高峰經驗不是說一定是成功的女企業家才有，家庭婦女也能高峰經驗。」

時代不同了，沒有人再要求你必須做個一本正經的淑女，也沒有人要你一定要小鳥依人躲在男人的身後，你有能力你就有發言權。你想今天做淑女，明天做個野蠻女，只要你喜歡，只要你足夠精彩，你就是你。時代不同，女女也不同，時代賦予了女人更加精彩的人生，以及更加多樣化的女人味。如果你是個男人，只懂欣賞傳統意義上的女人味，那你也落伍了。

第二章　談吐舉止彰顯女人味

一個優雅的女人，在她舉手投足之間都散發出一種美麗，一股濃濃的女人味。女人的容貌是靜態的，而女人的談吐舉止卻是動態的。靜態的美需要動態的美來修飾，來裝點，否則就少了一份靈氣，一些神韻。一個氣質優雅的女人，一個微笑足以動人，一個眼神足以動心，一個姿態更是弱柳扶風般動情，萬千美麗盡在其中。而她身上的濃濃女人味就隨著她的一笑一顰，一扭腰一轉身，緩緩流淌出來，沁人心脾，令人迷醉。

美麗是女人一生的事業

美貌之於女人，永遠是一個話題。所有的女人都愛美貌，所有的女人都為美貌而瘋狂。大家對美的關注程度，促生了大批的美女。雖然天生麗質的美女也並不比以前多，但化妝打扮確實幫助很多女孩實現了美的願望。

一個關注自己容貌的女人，一定是個注重自己的女人，對自己負責的女人。擁有漂亮的臉蛋，那要感謝父母的賜予。如果沒有漂亮的臉蛋，你也要學會自己塑造美麗。有句話說得好，漂亮靠天生，美麗靠塑造。一個美麗的女人，一定是一個不斷修練自己的女人，無論從外在，還是內心，她都要求上進。然而很多女人在婚前十分的講究，無論是容貌還是儀態都表現得很好。可是，一旦結了婚，就馬上變成了一副邋裡邋遢的樣子。這樣的女人犯了一個致命的錯誤：她之前的美麗是為了取悅男人所以才盡心打扮自己。其實，何必去取悅別人，取悅自己就可以了。一個懂得取悅自己的女人，才不會在婚前婚後就變成了兩個樣。她會愛惜自己，關注自己，因此她也會用一生的時間去塑造美麗。

才貌雙全的藝人伊能靜更是將美麗發展到一種極致。伊能靜十六歲出道，在娛樂圈裡顛簸二十多年，依然一副天山童佬模樣。雖早已結婚生子，依然愛寫詩做夢。她穿粉紅粉藍粉黃的蕾絲公主紗裙，被粉絲稱為「公主」。朱天文曾說，伊能靜是「青春的殘骸」。英國導演說她是「child woman」。四十歲的女人無懼偶像路線，因為她就是那麼美麗。事實上，每一個看到伊能靜的人都會不禁感嘆：她怎麼一點都沒變？沒有人能看出已經為人母的她在容貌上有什麼變化。上天真的很眷顧伊能靜，如今的她，依舊是一張娃娃臉，仍帶著浮於塵世之外的童真。

此外，「美麗教主」伊能靜還帶領天下女人創造美麗！愛美成癖的「美麗教主」抱著神農試百草的精神，親身嘗試市面上眾多保養品，寫成了美容大全《美麗教主之變臉天書》，將最好的、最具特性的四百多款保養品和自己獨門絕創的保養術推薦給所有女性，傾囊相授「美麗教主」美麗進化之祕訣，一舉囊括美臉基本功，讓你由深層美到表面，美得自然純化、渾然天成！伊能靜還在書中說，「只有讓村上春樹、王小波、瑪律克斯、卡爾維諾與DEMON、雅詩蘭黛、佳麗寶、資生堂相親相愛，一個女人才會內外兼修，天下無敵。」

曾經在電視中看到過一位年近七十的老太太，在舞臺上翩翩起舞，身輕如燕，從她的背影看，她幾乎是個輕巧的少女。這位夫人雖然已經近七十歲了，但仍然有一副年輕漂亮的面孔。幾十年來，她堅持每週做兩次按摩和美容面膜，不化妝的時候也不忘記做

臉部清潔，對皮膚保養頗為用心。她總是這樣告訴女兒們：「減肥是一生的事情，只有懶女人才會有肥肉。」而她自己一百六十五公分的身高，一生中從來沒有超過五十三公斤。她不僅對自己要求嚴格，而且對自己家人的生活也打理得十分有條理。她擁有十分幸福的家庭，擁有健康的身體，她的子女在事業上也表現突出，她擁有令同齡女人羨慕的條件。對自己用心的人，自然會更了解自己、知道自己的長處，從而獲得自信。用外貌來表達自信的女人，往往活得很健康、很快樂。

比起金錢，護理容貌更需要誠心和努力。一個女人，不關心自己的外在形象，這無異於是不關心自己。一個對自己負責任的人、一個對生活充滿無限愛意的人，就應該對自己的容貌負責。如果是天生麗質，就應努力錦上添花；如果差強人意，就更應努力雪中送炭。不要得過且過、隨波逐流。用美麗來打造自己，這是每一個女人需要做的事情。

永遠記住，美麗是一種態度，美麗是女人一生的事業。

奧黛麗·赫本的美麗法則

奧黛麗·赫本（Audrey Hepburn）是一生都優雅而美麗的女人，使她成了一個傳奇，一個神話。奧黛麗·赫本憑藉《羅馬假期》一舉成名，她清新可愛的形象受到全球影迷的愛戴，並被人稱為是「優雅的同義語，天使的化身」。

一九五三年，赫本因《羅馬假期》而獲得奧斯卡最佳女主角獎。這部影片的轟動來自那個天真任性、不諳世情的公主扮演者的精彩表演，尤其是「赫本頭」表現出的天真無邪，就連當時的好萊塢「第一夫人」英格麗·褒曼（Ingrid Bergman）都禁不住驚叫：「我被奧黛麗·赫本感動了！」獲獎後的赫本又陸續出演了多部電影，其中最成功的，是一九六四年主演的《窈窕淑女》。一九九一年四月二十二日，美國林肯中心電影協會向赫本授予 Gala 榮譽獎，該項獎自一九七二年起每年向全世界最資深望重的藝術大師頒發，這是對赫本影壇生涯以及非凡演技的崇高褒獎。

奧黛麗·赫本的美，被無數人奉為經典，這不僅是因為她在螢幕上展現出的光彩照人，更是因為她那顆充滿慈愛的內心。赫本晚年時，不辭勞苦，仍然為公益事業發著光和熱。一九八八年，她擔任聯合國兒童基金會親善大使。她的足跡遍及衣索比亞、蘇丹、薩爾瓦多、瓜地馬拉、洪都拉斯、委內瑞拉、厄瓜多爾、孟加拉等亞非拉許多國家，受到當地人民的廣泛愛戴和歡迎。一九九二年底，她還以重病之軀赴索馬里看望因饑餓而面臨死亡的兒童。她的愛心與人格猶如她的影片一樣燦爛人間。

一九九三年，六十四歲的赫本因患結腸癌，在瑞士洛桑去世，一代巨星從此隕落。在她彌留之際，諾貝爾和平獎得主特雷莎修女呼籲全球的修女為她祈福；而好萊塢明星伊莉莎白・泰勒（Elizabeth Taylor）則動情說：「天使回天國去了。」為表彰她為全世界不幸兒童所做出的努力，美國電影藝術和科學學院將授予她一九九三年度奧斯卡人道主義獎。

奧黛麗・赫本的美，是世界人民公認的美。在她的身上凝聚著女性美麗——智慧、善良、高貴的光芒。時至今日，這個美麗而高貴的名字，仍為世人頂禮膜拜。她的美麗不是曇花一現後猝然香銷玉殞的哀嘆，而是綿遠流長的沁人芬芳。所有的女人都仰慕赫本的美，羨慕她修長而纖細的身材，羨慕他天使般的面孔，更羨慕她那顆博大的胸懷和無盡的愛心。雖然奧黛麗・赫本只在這世上活了短短的六十四年，但她的美，她的微笑，她的愛心，她的品味……她的一切的一切都使人難以忘記。她用一生詮釋了什麼叫做風華絕代。

在奧黛麗‧赫本的身上，我們看到了她外在精緻之美，內在溫暖之美，坎坷人生的堅強之美，以及寬容高尚的人格之美。她向世人展現了自己無與倫比的美麗，更向那些希望擁有美麗的人提出以下建議：

‧如果你想紅唇誘人，請說善意的話；
‧如果你想明眸善睞，請看到別人的優點；
‧如果你想身材苗條，請與人分享食物；
‧如果你想秀髮飄飄，請讓孩子每天用手指為你梳理一次；
‧如果你想儀態優雅，走路時要時刻想著；
‧你不是一個人，有一群朋友在關心著你。

這就是奧黛麗‧赫本的美麗法則。她告訴我們女人的美不僅止於外表的靚麗多彩，更應該從眼睛裡釋放出來，從心靈裡折射出來。她為世間的每一個人提供了完美的範本。也許，我們是平凡的，無法擁有赫本那樣的美麗，但是她告訴了我們真正的美麗是什麼，告訴了我們如何去塑造美。

聲音是女人裸露的靈魂

通常認為，女人是否是淑女主要由兩方面決定：形象和性情。但我們卻往往忽視了另外一點就是：聲音。聲音是人的第二張名片，無論是男人還是女人，我們常常是未見其人，先聞其聲。優美的風度離不開優美的言談舉止，就像人類智慧的「果子」離不開智慧的「葉子」。言談的智慧和舉止的聰明是風度的美容術。它們能幫助一個女性，使她的風度之美達到淋漓盡致、無以復加的程度。

聲音是五官之外的又一種性感能量。心理學家說，當別人看不到你時，你聲音的音色、音調和語速決定了你說話可信度的百分之八十五；百分之六十五的男人會對聲音性感的女人有特別的好感，也會因為女人的聲音決定第一印象。好的聲音也會讓一個人的魅力升值。在公開場合，如果我們看到一位精神美潔，神韻不凡的女性，嘴裡吐出來的聲音宛若心靈的噴泉、靈巧機敏的動作令人心曠神怡，那麼，你一定會暗自稱讚：「這是從哪裡飛來的天使？」

「聲音是女人裸露的靈魂」，有經驗的人能從女人的聲音中感覺出女人的性情、體態甚至膚色和髮型。一個好聽的聲音，會讓人感到有一種歡喜的溫柔在一瞬間冒出來，又似大海的潮汐輕輕地漫過來，更彷彿是一種魔咒，將人牢牢吸引。一個聲音好聽的女

聲音是女人裸露的靈魂

人，很容易被人接受，而且調查還發現，男女相愛也多數源於聲音，聲音決定了愛的吸引與和諧。因此，海外甚至應運而生了專門的職場聲音教練，教人善加運用聲音。掌握了怎樣運用技巧調整聲音，把聲音變得性感起來。

有對男女一直在電話中戀愛，他們不願見面就是因為十分迷戀對方的聲音。後來男的事業成功了，不少女孩追他，但他就是只愛那電話中的女人。他最上癮的事就是聽女方的電話，他們在電話中跟現實一樣，不僅充滿柔情，而且還會吃醋生氣。他們非常喜歡電話裡的感覺，這感覺令他們無比自由和愜意。

實際生活中受歡迎的女性，也不是那種沉默不語，靜態永恆的「維納斯雕像」式的人物，而是活生生的人，具有鮮活的美。但曼莎．盧森堡又曾風趣說：「維納斯之所以世代迷人，經久不衰，就因為她不發言，要是她會說話，說不定她的魅力會大大喪失或早已喪失了呢！」

這種風趣的可能所隱含的意思，也就是在說，你要保持和發展自己的風度之美，你要不打算做一個凝固的偶像，那麼你就得設法純化你的語言和舉止，否則，也許會使風度之美從你身邊悄悄溜走。

女人的聲音以輕柔，圓滑為美，像一曲動聽的音樂，給人以無限的憧憬、幻想、回憶。

一九八〇年代初，每個人都會記住一個女人的名字——鄧麗君，她那甜美和清新的聲音，會讓男性浮躁和迷惘的心，得到適緩平靜，甚至於沉溺其中，忘記一切。那是怎樣的一種聲音，一經入耳，便讓人產生了一種愛戀，一種迷惑，一種氤氳。它借助著空氣，緩緩沁入每一個毛孔，每一寸肌膚。直到很多年後，還會有人難以忘懷。

聲音是女人裸露的靈魂。要想展現自己的美麗，就要學會使用甜美的語言。有些人可能會說，聲音是天生的，我天生的聲音就是不好聽，這怎麼做得到？話雖這麼說，但是我們可以改變自己，注意自己說話的語調和語速，語調抑揚頓挫，語速適中如溪水潺潺流來，這也同樣能給人留下美感。其實要想擁有柔美的聲音，首先你要保持一個良好的心態，去對待生活，心態好了，說話的語氣自然會充滿溫情。其次，你還要不斷調整自己的高音、音強、音色，以期尋到一個最好的效果。聲音輕柔，說話速度放緩，就能增加自己的魅力。

優雅的談吐可以舌燦蓮花

談吐自如是一種風度，笑對群儒是一種境界，巧舌如簧是一種能力。女人的內涵需要透過談吐才能展現出來。女人的氣質在她開口說話的瞬間，便能讓人徹底一覽無餘。

首先，要有優雅的聲音，聲音一直有著奇妙又神奇的力量，尤其對女人而言，更是裸露的靈魂。女人的聲音可以征服男人，但卻有很多的女人不知道聲音有這麼大的作用。

能攫取男人心的都是細語柔聲、甜言蜜語的聲音。最受男人歡迎的女人的聲音是溫順、輕柔的聲音。聰明女人會在悅耳的聲音中注入精彩的人性，讓聲音形成迷人的風景。這樣的聲音是最有力的，它能夠熔化男人的鋼筋鐵骨。

優雅女人會時時注意自己聲音的力度、音階和速度。她像一個調音師，時時精心聽著每一個音節而奏出整體優美的音樂。而溫柔的語言、親切的態度、婉轉的音調、平和的旋律，這些加起來，會使一個面貌平庸的女人變得異常有女人味而且魅力倍增。這樣的女人，即使有一天老了，魅力也永不會丟。

女人說話時的用詞造句同樣也會影響自己的語言表達。女人在說話時若能運用恰當的詞彙，並將自己聲音的魅力顯現出來，一定能夠吸引人繼續聆聽。

優雅的用詞造句要點包括：

．**千萬不要說粗話**：說粗話的情況並非僅存於勞動階層，有許多學識深、地位高的「高級人士」在自己遇到稍微不順心的事時，也會用一句粗話來發洩自己鬱悶的情緒。其實發洩的手段和方式有很多，說粗話只是下下策。身為女人，一定要遠離這類話語。一句粗話會讓一個穿著端莊、容貌秀麗的女士形象頃刻之間大打折扣，讓人忘記了她所有美好的東西而只記住這句粗話。

．**語言簡練**：談話中要避免冗長無味或意思重複的言語，如：「你明白我的意思嗎？」、「你說好不好？」、「你知道嗎？」這樣的言語會讓對方覺得自己的智商和理解能力受到了懷疑。

．**語句完整，語速適中**：說完整的詞句，不要吞吞吐吐或欲言又止，如此會讓人覺得不明快。不要採用流行語、口頭禪來作為開場白，如：「哇噻！」。可能有些女性也從身邊的孩子身上學到青少年所慣用的流行語，以為說了這些話就代表跟得上潮流，實則不然。說著一口年輕人的流行語，既幼稚且又有失身分，完全背離了初衷。這可不是氣質優雅的女人想要給人的印象。

．**不要使用鼻音詞彙**：有的人喜歡用「嗯」、「喔」等簡單的鼻音詞彙來表達自己的意見，同意或者否定，殊不知，這樣的發音給人的印象是極其不好的，一是表現出自己的懶惰，二則表現了對發言者的不尊重，令其有不受重視的感覺。因此，一定要避免這類發音從你的交談話語中出現。

・**注意優化口頭禪**：就像每個人都有他的習慣動作一樣，幾乎每個人都有自己的口頭禪。它在不知不覺中，已構成所謂個人形象的一部分，甚至是重要的一部分。語言的風格是個人文化素養的體現，掛在嘴邊的口頭禪所屬的語言風格，會讓人很自然把你與這種氣質連繫到一起：「謝謝」、「對不起」等文明、有教養的詞彙讓人感覺到你的舉止文雅、有氣質。夾雜著「說實話」、「坦率」等短語的說話者很容易取得別人的信任。總是把「無聊」、「沒意思」掛在嘴邊的也會讓別人感覺到他的頹廢、疲憊和無追求。而開口便是「他媽的」、「神經病」等口頭禪的人，就更不用說了，自然讓人覺得粗魯無教養，進而想遠離她。

女人優雅的聲音就像一種美妙的音樂，令人神往。女人假如只注重化妝打扮，而不懂得修飾優雅的聲音，那只會使她顯得美中不足。

完美儀態打造無限魅力

詩人說：「美的東西，永遠是令人心曠神怡。」而一個女性的儀態之美，是最令人心曠神怡的。培根說：「形體之美勝於顏色之美，而優雅的行為之美又勝於形體之美。」優雅端正的體態，敏捷協調的動作，優美的言語，行之有效的大方的修飾，甜蜜的微笑和具有本人特色的儀態，會給人留下美好的印象。

儀態是人在社交行為中的姿勢、表情和風度。儀態是一個女人在社交禮儀中的重要形象。儀態是一個人精神風貌的外觀體現，是人的體與形、靜與動的結合物。古典芭蕾舞劇《天鵝湖》群舞後，眾多白天鵝排成橫豎佇列造型亮相，那份優雅高貴、純情聖潔之美令人窒息，叫人凝神。候機大廳裡，走過一隊青春靚麗的空姐，許多乘客的目光會被吸引。人們的注目禮中蘊含著欣賞和讚許。

女人的形體在空間運動中構成的種種姿態，會形成各種優美的儀態。社交中，優美的體態是傳遞資訊的基本符號，還是表達情感的重要形式，同時也是判別雅俗的重要尺規。人身體的每一個姿勢變化都反映了交際者的文明程度。形體動作的語彙非常豐富，它在傳情達意之時，還可透露內心的情態，同時折射其心靈的雅與俗。步履矯健、輕鬆敏捷讓人感覺年輕、健康、積極向上；步伐穩健、端正有力讓人覺得自信、沉著和權威；步履拖遝、無精打采令人覺得壓抑、失望。所以，女性儀態美的禮儀基本要求是：穩重的坐姿、端莊的立姿、優雅的走姿和得體的其他姿勢。

追求儀態美一是要注意按照美的規律進行鍛練和適當的修飾打扮；二是要注意自身的內在修養，包括道德品格、性格氣質和文化素養的修養；三是儀態美在很大程度上是人的內在心靈美的自然流露。在電影《窈窕淑女》中，賣花女伊莉莎．杜利特爾，長得眉清目秀，聰明乖巧，但出身寒微，家境貧寒。她每天到街頭叫賣鮮花，賺點錢補貼家用。一天，伊莉莎低俗的嗓音引起了語言學家希金斯教授的注意，教授誇口只要經過他的訓練，賣花女也可以成為貴夫人。伊莉莎覺得教授說的話對她是一個機會，就主動上門請求教授訓練她。於是，教授開始了對伊莉莎的嚴格訓練。六個月後，希金斯帶伊莉莎一起出席希臘大使舉辦的招待會；伊莉莎是以上校養女的身分參加這次大使的招待會的，她全力以赴，談笑自若，風度翩翩，光彩照人。當她出現在大家面前時，人們停止了交談，欣賞著她令人傾倒的儀態。她的待人接物圓熟而老練，而又恰到好處，希金斯的第一個學生尼波姆克用盡看家本領與伊莉莎周旋，卻被伊莉莎弄得暈頭轉向，失敗而歸，希金斯成功了。

身為女人，大家都不會忘記為自己的容貌美花費心思，也懂得了該提升自己的內在修養。相比之下，姿態美就注意得不夠了。引人注目的美人往往都有美好的儀態。儀態是身材、容貌、談吐、氣質內涵的綜合體現，包含了嬌媚、溫柔、情趣、自信、學養等複雜的內容，其中一部分來自先天的因素，而更多的則是來自於後天的培養與修練。

女人的姿態對人的整體美至關重要。女人的一言一行，舉手投足都會透露出一個女人的氣質修養。所謂「儀態萬方」，就是說女子行走坐臥時的美妙姿態。優雅的女性，不僅容貌靚麗，而且姿態俱佳。優雅的儀態是女性美的精靈，它能使一個平凡的女人變得風度無限、儀態大方，在站立行走中盡顯女性魅力。站相是人體最基本的姿態，在你保持面容美麗的同時，還要做到站有站相，這樣才能達到儀態完美，成為真正的魅力女人。

美容大王大S表示，「儀態美的女人才美。為了表現美麗的身段，就得注意姿勢。我就會經常在背後點小S，要她注意挺胸。因為看到背部挺直的人，看的人也會覺得心情好。把背挺起來，連心態也會變得積極向上，真的很不可思議。」

你想成為儀態大方的女人，就要學習優雅的言行舉止。沒有人天生優雅，高貴的公主也要學會各種禮儀。美的儀態不僅能展現你的風采，也使你看起來更有氣質、更有修養、更有風度、更有魅力，從而贏得他人的尊重。

亭亭玉立，站成一道風景

看到伸展臺上的模特兒時你的第一印象是什麼？漂亮、魅力十足。其實最最重要的是她在不經意間流露出的自信。要擁有自信的外表，最簡單的方法就是抬頭挺胸收腹。問題是一般人不習慣費盡力氣整天保持這樣的姿勢。我們習慣駝背站立，因為這樣比較舒服，另外多半也是因為缺乏自信心不想引人注目。但你相信嗎？雙肩向後靠，抬頭挺胸收腹的動作可以馬上顯露出你的自信與優雅，尤其在派對上。首先，此舉讓你看起來身材更高挑，人也更有氣質；其次，它能讓你整體造型更顯魅力——當你駝背時，人們的關注焦點會是你的不自在與害羞，而忽略了你的美麗；最後，抬頭挺胸收腹能幫助你從內到外展現信心與風采，這樣的你大家都會想認識的。

著名的功夫巨星——成龍曾經說過：他年輕的時候，非常不注意小節，坐椅子總把一條腿放到椅子扶手上晃來晃去，一副玩世不恭的模樣，好像很狂很酷，結果成了不受歡迎的人。後來他從小事做起，注意細節，勤奮打拚，終於成了人人尊重的國際巨星。

生活中這樣的例子也很多：一個女孩被她的金龜婿帶回家去見家長。當時門沒有開，男友就說，那我先去鄰居家找找吧。等到男友擁著母親來見她的時候，那女孩正靠在牆邊，其中一隻腿還百無聊賴晃悠。她見了男友的母親，還很親切的打招呼。可是最後，他們還是分手了。也許你們都猜到了。是的，男友的母親不喜歡她很無規矩的站姿，認定這樣的女人不能成為她優雅的兒媳婦。

站立是人們生活、工作及交往中最基本的舉止之一。正確的站姿，是對一個人行為舉止最基本的要求。實際上是良好家教的體現，在社會交往中給別人留下更好的印象。

在人們的印象中，明星們似乎總是光彩照人、氣質高貴的。其實，這在很大程度上得益於優雅的儀態。如果儀態上稍有不慎，立刻就會「原形畢露」，讓人大跌眼鏡！優雅的舉止或動作的基本功在於姿勢。站姿是一切儀態之首。優美的站姿會馬上讓人有苗條高挑的感覺，讓人看上去至少年輕五歲。女性站立的姿勢美與不美，直接關係到你的形象。學會優雅的站姿更是成為優雅美女的第一步，所以，你的站姿一定要優美、典雅，亭亭玉立。

有一部分女性在少女時期因害羞或訓練不夠養成了含胸或不會收腹的姿態。正確的站立是，抬頭、頸直、雙目向前平視，下頜微收，嘴唇微閉，面帶笑容，動作平和自然。軀幹挺直，做到挺胸、收腹、立腰。兩臂自然放鬆於身體兩側，雙腿立直，保持身體正直。要給人以挺拔、優美、莊重、大方、精力充沛、信心十足向上的印象。當兩腳平行分開，或左腳向前靠於右腳內側，或手相互搭握，或將一隻手垂於體側，會給人一種淑女的含蓄、羞澀、收斂的體態。當雙手交叉於腹前、手微曲放鬆，會表達一種性感女性曲線之美。當把一側肩微傾，分開雙腳、送出一側胯時，會給人一種動感，力量從內向外慢慢滲透出來。

站立時應該要把肩膀往後靠，收回腹部；還有讓脖子與背部保持一直線，而不是脖子向前突出。最後，儀態與自信是你在人群中脫穎而出的關鍵，只有優雅姿態能給他人留下深刻美好的第一印象。站立使全身筋骨、肌肉形成一條線，呼吸氣血暢通，猶如一座直立的煙囪，越直越高，越能排除廢氣；透過深呼吸使人體吸人大量氧氣，氧能助燃，能燃燒體內的脂肪，是對減肥最直接、最有效的方法。此外，保持良好的心態，能促進內分泌產生有益健康的激素，尤其是酶類和乙醯膽鹼等。這種珍藏在人體內部的奇妙物質，會把全身的血流量、腦流量和神經細胞的興奮性等調節到最佳的狀態，從而增強你機體的免疫功能和煥發青春的潛力。

挺胸抬頭，不僅能讓胸腔呼吸到更多新鮮空氣，還能讓身體「長高」，讓身體年輕，還讓你看得更遠。扣肩含胸、站立時腿膝無力、臀部下塌這些不良姿勢不僅影響美觀，還會導致、虎背熊腰、兩條腿粗細不、臀部鬆弛下垂等體形問題。也許大家可能都看到過這樣的人：他（她）打扮得男不男女不女，交腿斜靠馬路邊，和人說話時，歪著膀子、渾身扭動、東張西望。如果有人要你和他（她）交朋友，我想你一定不同意。因為你覺得這個人輕薄，沒規矩，招人討厭。

站立的時候注意不要做一些有損形象的小動作，像擺弄衣角、發梢、背包等，這種姿態顯得小氣、拘謹，給人一種怯生生的感覺。雙手抱胸則會給人一種傲慢和不可親近的印象。若在聽人談話時採取雙腳交叉的站姿，表明一種基本上是排斥和審視的態度，也是不安、緊張心理的流露。過於隨便的姿勢也不可以：靠著其他物體，伸脖、塌腰、身體歪斜，或者兩腿叉開距離過大，雙臂交叉或雙手叉腰，遠遠看去如同魯迅先生筆下描繪的豆腐西施，「像一隻細腳伶仃的圓規」。

很多時候你做出什麼樣的姿勢就會有什麼樣的精神狀態，注意自己的站姿不只會給別人留下一種優雅的印象，自己也會變得神采奕奕。富有修養的站姿不僅要挺拔，還要優美和典雅。

美麗，從妳的秀髮開始

自古以來，女人與秀髮就像男女之間的愛情一樣，是一個永恆的話題，或許已經糾結纏繞了五千多年，甚至比我們想像得更長久、更詩意些。如今這個時代，雖然已經完全不用再「剪下青絲一縷」羞澀送給情郎「以此物定情」了，但是，人們還是對「長髮飄飄」、「一頭秀髮」有著剪割不斷的情結。女人還是在打扮著自己的秀髮，男人還是在輕撫著心愛女人的秀髮。

頭髮就像高居於人體之上的一顆寶石，失去了它，人的餘生往往也會生活在不光彩之中。對於女人來說，掉髮是件很嚴重的事情。因為她的誘人魅力與外表難以分開。「即使她是維納斯本人，身邊有美惠三女神的簇擁……但是，假如她禿著個腦袋出來，就連她的丈夫烏爾坎也吸引不住！」古羅馬作家阿普列尤斯（Lucius Apuleius）這樣寫過：「一個女人即使不漂亮，也必須至少懂得如何向觀者以最大的優勢展示披落在她的後頸之上的秀髮。」

頭髮就如同女人的第二張臉，擁有一頭飄逸美麗的秀髮，不僅女性自己會增添自信與魅力，還可以在吸引男性目光和引發男性性愛感覺方面產生意想不到的效果。秀髮，可以說是男人最樂意欣賞，女人最喜歡賣弄姿態的一要點。試問，哪個女孩不愛美？而頭髮又是男生女生最得到注目的地方，曾經有個男生透漏給我說，大多數的男生都是先看女孩的頭髮，而且美髮占據總分數特別高。千變萬化的時尚潮流，使女人對自己髮型的改變寄託著無窮無盡的想法，因為髮型對於女性的意義在於：女人就是女人，一頭靚麗的秀髮可以給女人打理得千姿百態、萬種風情，這是其他衣飾所無法取代的。

有百分之八十的男人都認為，長髮是女人味的源泉，因此男人總是喜歡女人有一頭披肩的長髮。有首人們熟悉的歌「穿過你的黑髮我的手」，聽到這首歌的男人多會想到初戀的女人，初戀多是青春的回憶。在高級大樓、電梯裡、餐廳中，經常會嗅到女人頭髮的氣味，這種濃香的味道甚至壓過了香水氣味。男人說，現在的女人已經忘了「髮香」兩個字。頭髮應該是有自然的香味，輕輕、淡淡、柔柔，這香氣會打動和吸引男人。男人對女人歪著頭撫弄頭髮的動作非常敏感，雖然可能很多女性都出於無心，但是大多數男人都會覺得女人的這個動作是在賣弄風情，那種無意之中散發的嫵媚與性感會讓男人浮想聯翩。

上天造物，鐘靈毓秀，千種風情萬般憐愛繫於髮端，萬千青絲給了女人第二張俏臉，也給了人世間一個最能展現風情的鏡子。那如黛青絲柔順從髮際直直垂下，猶如從清幽的山澗飛流直瀉的一掛瀑布，清新脫俗。如絲如緞的秀髮隨意披散在肩頭，一陣春風吹來，撩起了飄飄青絲，綻放了無數笑靨，勾勒出風的線條，也撩起了蜜意柔情。尤其是走起路來，那烏黑亮麗、飄逸的長髮溫柔飄灑隨身而晃動，如跳動的旋律，一舉一動無處不透露出一份高雅與悠閒。

在古代，文人以「青絲」來形容女人的秀髮。「青絲」如「情絲」，女人的頭髮好像注定要與情相關。於是，從古至今不知有多少女子將自己一腔柔情付之其中。古時候就有不少女子剪一綹秀髮贈予心上人，以表明心志。而男人珍藏著女人的青絲，也如同珍藏著女人的忠貞和深情。而如今，秀髮已經沒有了這樣的含義，但是，女人頭髮的長長短短與感情的起起落落間總有一種息息相關的情結。當十七歲的少女愛上了一個男孩，於是她為他悄悄蓄起了長髮。當他們的感情已經遠去的時候，女孩子又一次將這縷縷的長髮剪成了短髮。於是，就有了梁詠琪唱的那首《短髮》，「我已剪短我的髮，剪斷了牽掛，剪一地不被愛的分岔，長長短短，短短長長，一寸一寸在掙扎。我已剪短我的髮，剪斷了懲罰，剪一地傷透我的尷尬，反反覆覆清清楚楚，一刀兩斷，你的情話，你的謊話。」

一個美麗的女人，一定需要有一頭美麗的秀髮。打理好你的秀髮，做美麗女人。

像蒙娜麗莎一樣去微笑

《蒙娜麗莎》是義大利文藝復興時代著名畫家達文西（Leonardo da Vinci）的肖像畫作品。這幅畫完成後，端莊美麗的蒙娜麗莎臉上那神祕的微笑使無數人為之傾倒。微笑有著如此大的魔力，吸引著人們去欣賞她，去揣摩她。

不知你是否留意過，那些名人或者明星往往都有一些特有的招牌微笑。宋慧喬的笑容，讓觀眾覺得她既美麗又溫柔。劉德華、裴勇俊則是以健康、陽光的招牌微笑，讓眾多女性為之痴狂。像當年的戴安娜王妃，她經常微微低頭，眼睛往上看，然後慢慢的笑開來。這就是她含蓄的招牌微笑。最是那一低頭的溫柔，像一朵水蓮花，不勝涼風的嬌羞。

一個女人如果想讓自己看起來很美，那麼微笑是少不了的。在社交場合，淡淡的微笑勝過任何名貴的飾品。女性的微笑和她們的眼淚一樣，具有讓男人無法抵擋的殺傷力。《詩經》裡以一句「巧笑倩兮，美目盼兮」描繪出了女人笑容的最高境界，這就是「回眸一笑百媚生，六宮粉黛無顏色」的原因。

女性最美的是微笑、微笑、再微笑，男人向來都十分迷戀女人的微笑。從孩子出生，母親給予孩子最多的就是微笑，也因此，所有人都喜歡別人的微笑。女性在微笑的時候，一定要表現出溫馨、關切的神情，這樣能有效縮短與對方的距離，給對方留下美好的心靈感受，從而形成融洽的氛圍。

無論在什麼情況下，都應該學會隨機應變，用微笑來對待每一個人，還可以讓人覺得你有著良好的修養。微笑有一種魔力，它可以使強者變得溫柔，使困難變容易，它是人際交往的潤滑劑。微笑是一門學問，又是一門藝術，女性朋友們應該學會巧妙運用，這樣，她們在異性的心中就會魅力大增。一定要記住的是，微笑要發自內心，不要假裝。要自然、美好、真誠，切忌虛假造作的微笑。微笑時把對方當成自己最真摯的朋友將會讓你笑得更開心。

汪婷是一位嬌小溫柔的白領麗人，丈夫高大魁梧，性情暴烈，但在家庭生活中倆人卻很少發生激烈的爭執，究其原因，汪婷說：「他在氣頭上時我從不火上澆油，不論他多麼生氣，我都對他微笑。一般來說，他很快就平靜下來。因此，有時他嘴上不服輸，但終歸是聽從了我的勸告。面對他的暴烈，我只有微笑。微笑一方面暗示他事情沒那麼嚴重，以減輕他心裡的壓力，一方面暗示他這是不可取的辦法。當然，當微笑不起作用時，我會用簡潔而有力的話語警告他，但我絕不和他吵，偶爾一次放下臉來，他會震驚，自然會三思而後行。我百分之九十九柔，但有一分剛，我不柔得一塌糊塗。」

微笑是彼此溝通的鑰匙，全世界的人都知道用微笑能打開人們心靈的窗戶。微笑使人臉上透著安詳、慈善，它是一劑鎮靜劑，使暴怒的人瞬間平靜下來，使驚慌失措緊張不安的人立刻鬆弛下來。成熟女人的微笑讓人感到慈祥的母愛。所以說微笑是女性又一件致勝的武器。

微笑不僅能傳達出許多語言無法傳遞的信號，還能夠美容。香港美容專家陳安妮女士對「精神化妝」法深有體會，她很坦然說：「有的婦女遇到開心的事也不敢大笑，怕帶來皺紋。其實不用擔心，我就愛笑，可一條皺紋也沒有。」

微笑，是一種你可以付出的快樂。心境是會寫在臉上、身上的，心情愉快時，和人擦身而過，對方從你臉上的表情、走路姿態都能感受到你的快樂。仿若春風拂面一樣，他也會感到一絲的喜悅。

微笑，是自信的流露。臉上時刻掛著微笑的女人，讓人倍感親切。她能夠與人相處得很好，很容易與別人進行心靈溝通。一種內在的真誠的微笑，會為一張平凡的臉增添光彩。

讓妳的眼睛會說話

人最會說話不是嘴，而是眼睛，尤其是女人的眼睛。眼睛是心靈的窗戶，很多微妙的感情，都可以從眼睛裡得到明確的答案。文學上有對眼睛的讚譽之詞，如「美目傳情」、「眼睛是心靈的窗戶」、「黑又亮的大眼睛」等等。大眼有神，小眼迷人。男人看女人，首先看的是對方的眼睛，其次才是相貌、身材、氣質、談吐……

明眸善睞的美麗女子最容易讓男人心搖神蕩，女人的媚眼是女性魅力的無聲語言，運用得當，能使他讀懂一顆懷春的心。富有神祕感的女人有時會用嫵媚溫柔的眼光脈脈含情，有時又會用熱烈性感的眼神肆意挑逗，有時候又莫名其妙換上修女般冷漠的表情，令本來心醉神迷的男人不知所措。臉上陰晴不定的女人最讓男人捉摸不定，也讓男人鬥志昂揚。

為什麼男人喜歡女人大大的眼睛，黑黑的眼睛，蘊含了更多的深沉，亮亮的眼睛充滿了生命的活力，會說話的眼睛代替了嘴……女人的眼睛變幻莫測，多姿多彩。當一個女人凝視你的時候，她是在期待。希望你說出她心裡想而嘴上不願說的話，或者是恭維，或者是讚美，或者是愛的信號。當一個女人仰視你的時候，這是一種尊重。最低限度，你在她的心目中有一定的分量，在她心靈的空間裡，占有一定的位置。

女人的眼睛是一道亮麗的風景，令我們的世界剛柔相濟、更加絢麗。有一雙會說話的眼睛，會讓你多了比別人多很多的友好的表示方式，一個人的眼睛就是她心靈的窗戶。看一個女人的品味，也許眼睛也應該算是一方面吧。深邃是男人最美的眼神，而靈動迷亂則是一個女人最完美的眼神吧。

擁有一雙會說話的眼睛的女人是靈動的，多姿多彩的。她的眼睛不僅黑亮有神，一下子吸引了你的注視。她更是將她的萬般情愫凝結在眼睛裡。女人多是矜持的、害羞的，當你凝視她的時候，她會微微一笑，眼睛裡充滿了羞赧和柔情。當你想要了解她內心的時候，觀察她的眼睛就可以了。

一個美麗的女人一定有一雙會說話的眼睛，這樣的女人無需語言，無需表情，一個眼神就足以打動你。讀懂一個女人，就從她的眼睛開始。

細節之美，美得動人

新月派詩人徐志摩曾這樣讚美日本女子：「最是那一低頭的溫柔，像一朵水蓮花不勝涼風的嬌羞」。一個「低頭」的細節裡，日本女子呈現的是「像一朵水蓮花不勝涼風的嬌羞」般溫婉、優雅和純潔。細節，總在不經意間暴露女人的祕密。曾經在一個小巷的深處，看到一個女子長髮飄飄、衣袂曳曳從遠處走來，不禁眼睛一亮。可是當女子走近卻發現：她的長髮上滿是頭皮屑、衣服上有不少油污；再細看，她的首飾上嵌了許多陳年老垢……一座美麗的高塔，在瞬間轟然坍塌。

生活是由無數細節堆積而成。絕大多數細節會像我們每天數以億萬計脫落的皮屑一樣，看不到揚起或落地便無影無蹤了。細節雖小，卻構成了人生的全部，關注細節就是關注人生，講究細節就是講究人生的品質與品味。

細節決定了一個人的一生。著名哲學家羅素（Bertrand Russell）這樣說：「一個人的命運就取決於某個不為人知的細節。」細節是平凡的、具體的、零散的，如一句話、一個動作、一個微笑……細節很小，容易被人們所忽視，但它的作用不可估量。老子曰：「天下大事，必做於細。」如果把女人一生的幸福比作一座大廈，那無數個細節就是構成這棟大廈的基礎。

小說若不注重細節的刻畫，就會流於空洞。同樣，不注重細節的女人平淡、乏味。《紅樓夢》之所以能成為耐讀的文學名著，其中一個重要的原因是作者對細節的用心刻畫。對於女人這本書，你準備如何去刻畫細節？細節美女具有一種耐人尋味的美。細節美女也許並不富有，外表並不十分漂亮，但是，她給人一種舒適的感覺，跟她待久了，你會感到一種通體的舒適和溫暖。細節女人具有一種耐人尋味的美。這種美和外貌無關，你可以從一個愛做玩具的小女孩身上看到，也能從一個把自己的白髮修飾得整齊美觀的老嫗身上看到，還可以從一個家境富裕女人身上看到，同樣也可以從寒門陋巷的女人身上看到。

曾遇到過一位這樣的女子，她的衣著色彩和款式比較低調，談不上新潮，但也有時尚韻味。她的手機不會黏大頭貼，鈴聲也不搞笑。她和男人講話時大多是含笑傾聽，和小孩子講話總喜歡蹲下來，和老年人講話總站在老人的一側。她很忙，但經常會回家看看父母……她沒有驚豔之美，卻能得到很多男士的心儀。不單是男人願意和她在一起，女人也願意和她相處。她的美麗，來自於點點滴滴、潤物無聲的細節。細節總在不經意間暴露女人的祕密，關注細節就是關注人生，講究細節就是講究人生的品質與品味。對於女性來說，對於細節的掌握更是體現了一種氣質、一種智慧。和那種於剎那間震懾人們的目光的翩若驚鴻之美相比，發自細節的深處的美散發的吸引力更為綿延透徹。

做個細節美女，你準備好了嗎？

愛時尚，不跟風

現在的女性都愛追逐時尚，可是時尚究竟是什麼呢，是每一期的時尚雜誌，還是商店裡每季流行的最新款的衣服，還是理髮店裡流行的新髮型。時尚讓我們的生活充滿了無限的美麗，時尚讓我們更有自信，時尚也讓我們更加了解自己。其實，時尚和流行無關，時尚和自己有關。

奧黛麗．赫本是二十世紀最受到崇拜與爭相模仿的女性之一，她鼓勵女性去發掘與強調自己的優點，不僅改變了女性的穿著方式，也改變了女性對自我的看法。自從為《龍鳳配》試裝時遇見法國時尚設計師于貝爾．德．紀梵希（Hubert de Givenchy）以後，赫本就成了紀梵希的「繆斯女神」和靈感源泉。赫本穿著紀梵希設計的服裝出演了許多電影。「她很清楚知道自己要什麼，她了解自己的容貌與身材，優點與缺點。她知道要穿著露肩的晚禮服遮住自己嶙峋的鎖骨。我為她設計的款式終於變成廣受歡迎的時裝，我將之命名為『薩布麗娜露肩洋裝』。」紀梵希如實評價他的好搭檔——赫本對於時尚的領悟和掌握能力。赫本了解自己的缺點與優點，她發展了屬於她自己的風格。她引領的風潮，前衛的風格幾十年來風行不衰，歷久彌新。可能她唯一的規則就是不要盲目跟著流行走，趨之若鶩。事實上，她總是遵循著自己的趣味，堅持著自己的步調。

任何衣服穿在她的身上，絕對不會顯得喧賓奪主，這就是時尚界所說的「是奧黛麗穿衣服，而不是衣服穿在奧黛麗身上」。

赫本對時尚有深刻的見解。她認為，每個人都應著重尋找適合自己的風格，在此基礎上根據流行風潮和季候變化進行精雕細刻，而不是人云亦云追趕潮流。赫本鍾情時尚，但在她看來，時尚的東西永遠是個人風格的體現，是內在美的延伸。做時尚的主人而非奴隸，也許正是赫本風格長盛不衰廣受追捧的原因。

在《穿著Prada的惡魔》裡面，海瑟薇（Anne Hathaway）飾演的那位助手，一開始對時尚一無所知，穿的衣服髮型都遭人嘲笑，可是在她逐漸習慣了時尚的東西之後，她開始勇敢挑戰自己，穿起了非常新潮又非常適合自己的衣服。一般女孩子在剛上班的時候，總是一副學生氣的樣子，對於時尚同樣是個迷惑。其實，時尚就在你的身邊。當你不知不覺去接觸時尚時，你就會被它迷住，它不僅讓你看起來更有精神更加美麗，也使你更加的自信。這就是時尚的魅力。

但是，時尚絕對不是跟風，千萬不要盲目去模仿別人，因為穿在別人身上好看的並不一定適合你，因此你一定要有自己的眼光和品味。當然首先你一定要了解自己，了解自己的身體、自己的氣質，自己適合的顏色以及自己想要表達的感情。時尚為你提供了表達自己的機會，只是需要你去發現去找到與自己最為匹配最為默契的時尚。

時尚界看起來總是光鮮亮麗的，那是因為她們要作為對普通人時尚的引導者。時尚對於女人來說，永遠是一個談不完的話題。女人愛時尚，愛購物，愛做新髮型，喜歡讓自己看起來更加自信更加美麗。其實，時尚就在你的身邊，時尚不是跟風，了解了你自己，你就會掌握到了時尚的靈魂，從而非常巧妙就能將自己裝扮成一個時尚達人。

妳的衣櫥決定妳的品味

孫燕姿在《完美的一天》中唱道，「我要一所大房子，有很多很多的房間，一個房間有最快的網路，一個房間有很多的吉他，一個房間有我漂亮的衣服」。可這對於大多數女性只是美麗的夢想而已，但沒有一個房間放漂亮衣服的女性總會有一個放置美麗的衣櫥。每個女人都渴望擁有一個大大的衣櫥，衣櫥裡放滿了她喜歡的各種各樣的衣服。有的時候，衣櫥就是一個女人的夢想，衣櫥就是女人的全部，是她的一生。它讓女人天馬行空，實現了人生的種種可能。

一旦要出席重要場合，或是同學聚會，女人就開始為挑選衣服而發愁。對於女人來說，她的衣櫥裡永遠都少了那麼一件衣服。要自己的衣櫥再大些，最好是一個大房間，幾乎是所有女人的意願。男人總在疑惑：「哪裡有那麼多的衣服？」他們怎能了解，衣櫥是女人的聖地，是她裝點自己的源泉。二十多歲的女孩，慢慢接觸到了社會，觸摸到了時尚，也迫不及待想成為一個穿衣打扮有品味的女人。一個有品味的女人總是非常受人歡迎的。一個有品味是女人，一定有一個善於打理的衣櫥。

蘇俏在同事中並不是外貌出眾的一個，但是老闆在商業談判和出席宴會的時候，總是喜歡把蘇俏帶在身邊。次數多了，蘇俏在這些場合中鍛練了一套遊刃有餘的本事，終於在一次極具誘惑的挖牆腳活動中，蘇俏鯉魚跳了龍門，進入了自己大學畢業時心目中最心儀的公司，並且直接留在了總公司副經理的身邊。蘇俏的經歷讓同事們羨慕不已，幾年的共事，臨走時，大家提出去蘇俏家一聚。在蘇俏家晚餐後，同事們開始八卦起來。女同事對蘇俏的化妝臺和衣櫥很感興趣，於是就想要參觀一番。蘇俏的化妝臺看起來很簡單，但是從顏色到品牌，都是適合蘇俏本人的，並不是特別昂貴的品牌，卻讓蘇俏在簡單中透出一份幹練，始終給人得體的感覺。同事們都很驚訝蘇俏的衣櫥，因為它的體積並不是很大，這和大家內容複雜的衣櫥相比，無論如何也不能讓大家聯想到在各種談判和宴會中如魚得水的蘇俏。而這，卻是蘇俏最為驕傲的部分。

衣櫥中的布局很簡單，最下面一排整齊放著十雙鞋子，顏色以冷色系為主，有兩雙靴子，長度和高度差別很大，但是一看就是價格不菲的牌子；剩下的鞋子裡，有非常職業的，也有運動時穿的，還有休閒型的，每一雙看起來都是精心打理過的，一塵不染，沒有褶皺沒有異味。衣櫥的上面，衣服都是懸掛著的，顏色非常分明，是兩個色調的感覺，並不是每件都很講究，但是看起來比較莊重卻不失個性。用厚厚的袋子套起來的，一看就知道是晚宴裝，單獨放在與其他料子的衣服相隔很遠的地方。而疊放在最上層的衣服，看起來清新活力，與蘇倘的年齡非常相符。看看蘇倘巧手隨意梳整的髮型、平價的上衣、便宜的裙子、歷久不衰的鞋款、裹著一件擋風的外套、再背著不知名品牌的皮包，或者色調一致，或者絢麗繽紛，屬於她的迷人韻味自然流露而出。

看完蘇倘的衣櫥，同事們明白了為什麼蘇倘能抓住這個得來不易的機會了。其實，對於那些剛入職場的女孩來說，應該懂得如何著裝能夠為自己在別人心目中的印象加分。女人的衣櫥，是女人造夢的地方，更是她成長的地方。在這些衣服裡面，她可以找到自己的回憶，以及想要走向的人生。

衣櫥也是一個女人美麗的源泉，它為女人帶來太多的希冀，飽含著心上人摯愛與欣賞的目光。女人用衣服表達自己，張愛玲說：對於不會說話的女人，衣服是一種語言。女人用衣服表達她的品味，衣櫥的門關不住女人的風情。有品味的女人，衣櫥裡不會雜亂無章；不會花裡胡哨；那些溫馨的蕾絲，那些薄如蟬翼的睡裙，那些色如煙霞的絲巾，那些綴有亮片的襯衣，那些嫵媚的吊帶，那些性感的內衣，都講述著女人的風情。

打開衣櫥，可以看出一個女人的品味和愛好：每件衣服、每款配飾，赤橙黃綠、衣褶紋理，似如煙往事縹緲；千腸百結、萬般柔情，是對往日的留戀，也是對未來的憧憬；女人的衣櫥，猶如阿拉丁的潘朵拉寶盒，裝滿了理想和珍惜，也裝滿了幽怨和愛情；它收納著女人最美麗的回憶，記載著女人最寶貴的經歷；衣櫥，就像生活的舞臺，讓每個女人成為主角亮相表演，展示出只屬於一個人的風采。

聞香識女人

《女人香》是好萊塢一部曾獲得奧斯卡獎的電影，它描述了一位雙目失明的男主人公憑藉著敏銳的嗅覺，利用香水來識別不同女人的故事，它生動形象說明了女人對於香水縷縷幽幽的情愫。自古以來，香水就與女人結下了無法割捨的情愫，女人的美麗優雅、性感浪漫、恬靜柔情、灑脫活潑借著曼妙的香氣暗暗傳送，展現著獨特的個性宣言。當我們閉著眼睛，聞著她幽幽的香氣，判斷一個女人，比起用目光來欣賞更多了一份遐想的空間。

花落滿懷，暗香盈袖，這樣美好的意境引得多少文人騷客逕自折腰。香水裡可以透出對生活的熱愛和濃濃的人情味。一種香水就代表了一種女人。女人都愛香水，因為選的香水可以代表自身的氣味。這種氣味是她最迷戀的風格，最能表達她自己的味道。當一個女人從你身邊走過，她的「香味」會情不自禁告訴你很多關於她的資訊：她的性情、品味、職業、年齡等。香水是有個性和靈性的，一個女人選擇一款香水，絕對不是偶然的。一本時尚雜誌中說過，「一個優雅的女人通常會始終不改變她慣用的香水，她將此視為她自己的簽名，並當做一種榮耀。為了達到優雅的效果，最好讓花露水、香水、洗手液、浴鹽、爽身粉，甚至內衣抽屜裡的熏衣香囊，都具有同一種香味。」女人迷戀香水，是因為她迷戀自己的氣息，她也希望她所愛的人記住她身上的味道。

一九二三年，時尚界的傳奇人物可可．香奈兒（Gabrielle Bonheur Chanel）推出了最具代表性的香水——香奈兒五號。可可．香奈兒對婦女的體味深惡痛絕，因此她認為女人在耳後、肩窩、手背塗抹香水，絕對有必要。香奈兒喜愛香水，而且篤信詩人瓦勒里（Paul Valéry）的話：「不灑香水的女人不會有未來。」她說：「『香奈兒五號』是一種截然不同於以往的香水。一種女人的香水。一個氣味香濃，令人難忘的女人。」著名影星瑪麗蓮．夢露（Marilyn Monroe）有一句名言：「『香奈兒五號』是女人睡覺時『穿』的香水。」裹挾在香味中的女人，就像是穿上了一件美麗而令人遐想的衣服。

有人說，香水是一件看不見的華服，也有人說，香水是魅力之源。香水具有如此強大的魅力，使女人將自身的嬌羞、畏懼、驕傲、嚮往、自信、堅強、野性全都鎖在或清淡、或濃豔、或嫵媚、或妖豔的芬芳之中，匆匆經過和稍作停留的人都能感受到她想要表達和希望道出的一切。香水的美妙並不一定存在於此時此刻，當一種神祕而纏綿的香味飄來時，你可能就突然想起了某一天某一個時刻曾經發生的難忘故事。香水的特別，在於喚起人們對美好過去的回憶，對各種情感體驗如清新、榮耀、依戀、愛慕、激情、華麗的愉悅感。

香水最容易讓對方殘留「記憶」，尤其是在異性之間。根據顯示，當男人莫名其妙執著於某瓶香水，並不斷找尋它時，就表示此香水是他沉迷的味道。曾經看過這樣一個電視片段：喧鬧的馬路上，人潮如湧，一對青年男女迎面匆匆走過，當相遇的剎那間，男的突然好像被雷擊中似的，望著女孩飄走的方向呆立著，記憶深處的香氣伴隨著音樂被喚醒了，男孩就這樣定格在一片喧囂中。他記住了女孩的容貌嗎？沒有！記得的只是那種似曾相識的香味和香味給他帶來的迷惑飄蕩、心旌搖曳、瞬間激情！香水是有記憶的，所以男人可以一聞到此香，便「識」得了這個女人。男人可以透過香水洞察一個女人內心。

優雅是一種藝術情結

女人的優雅是什麼？優雅是不經意間一種淡定的沉思，驀然間一個善意的眼神，回首時一臉的笑容。優雅和美麗不同，後者是天生的，前者是藝術的結晶，是你在提升品味、挑剔細節的過程中所形成的一種風格。做一個優雅的女人應該是女人一生追求的崇高境界，但優雅不是每個女人都可以做到。優雅是一種由內而外散發的迷人味道，內心不優雅，不能說是真正的優雅。

優雅是一種藝術情結，是一個女人對於美的認識。優雅的女人有一種美的追求，因此她會學會自我克制，在不經意間將優雅形成一種習慣。優雅的女人永遠不會忘記在接起電話後先說「您好」，不會覺得每天收腹挺胸很累，不會覺得依據場合搭配衣服很煩，更不會忘記微笑和保持自己的儀態。這樣的女人將「優雅」運用到像吃飯睡覺那樣自然，那樣舒服。優雅的女人將自己成為一道迷人的風景，無論何時何地都以優雅示人。

法國女人的優雅是聞名於世的。無論是處於豆蔻年華，還是步人耄耋之年，都保持美麗迷人，這正是法國女人所追求的。對於巴黎的女人而言，維持自己的動人形象，就和披上精美的披肩或是穿著細腳高跟鞋走在鵝卵石街上一樣自然。

法國女人的優雅是一種生活習慣，她們從不忽視自己，甚至連最微小的細節也不要放過。一位作家去法國旅行時描寫過這樣一位法國女人：她四十多歲，身材高挑而且苗條，一件普通的呢質西服，配了一條隨意的牛仔褲，兩公分後跟兒的皮鞋，極其平常。不平常的是她身上的一條圍巾，絲綿質感，長長的，在一邊肩頭打了個牡丹似的花結，餘下的圍巾一頭搭在後背，一頭飄在膝蓋上，隨著身體的走動，圍巾輕輕擺動，配合一對金屬質感的稍顯誇張的幾何形耳飾，原本一身普通不過的裝扮立刻熠熠生輝。也許這優雅的打扮可以學，但神色是學不來的，它來自於一種生活態度，那種態度就是：優雅過生活。曾經在一家常去的咖啡館裡遇到過一位法國老太太，她把自己打扮得很精緻，下午三四點鐘步行去咖啡館，找一個臨窗的座位，點一杯咖啡、一小塊巧克力，看著窗外的街景，坐上兩個小時，每天如此。

現在的年輕女孩，喜歡把可樂和果汁當作水來喝，有的甚至還嗜酒如命；追逐時尚，將自己打扮得非常奇怪；說話大大咧咧，不假思索。這樣的女孩，將叛逆當作個性，卻不知道優雅對一個女人的重要。當然，年輕的女孩子不喜歡受人約束，不喜歡費力氣去維持自己的形象，一個沒有累積和沉澱的人就無從優雅。

奧黛麗．赫本的優雅是舉世矚目的經典。赫本容貌清秀，不俗豔，而且耐看。她的身材苗條修長，她的氣質永遠那麼高雅純潔。在觀眾心目中，她從不在攝影機前搔首弄姿，更不用裸露鏡頭和挑逗性的動作來取悅觀眾。一九五三年，與好萊塢名影星葛雷哥萊·畢克（Gregory Peck）一起主演的電影《羅馬假期》正式上映，由於她的成功演繹，該片放映後迅速風靡全球。赫本在片中扮演楚楚動人的安妮公主形象，表現出公主高貴、優雅的氣息，外貌優美脫俗，體態輕盈苗條，一頭黑色短髮。在那個性感金髮女郎受歡迎的年代，赫本的形象卻一下子吸引了觀眾的目光。赫本從不接拍色情電影，她的這種潔身自愛的高尚情操，在西方影藝界，尤其是在好萊塢女明星中，是非常難能可貴的。

優雅不是天生的，但是可以慢慢學來的。優雅不同於時髦，可以追、可以趕，可以花大錢去「人流」。優雅是一種恆久的時尚，它是一種文化和素養的累積，是修養和知識的沉澱。從一個女人優雅的舉止裡，我們可以看到一種文化教養，讓人賞心悅目。奧黛麗·赫本之所以成為經典，那是來源於她由內而發散發出來的優雅氣質。

優雅的女人一定要美麗。得體的服飾搭配、淡雅清新的妝容，都是一個優雅女人必備的。她有品味，懂得穿著打扮，懂得心靈與外型的協調。優雅的女人懂得品味生活，懂得把平淡如水的生活調劑得富有生趣。優雅的女人有自己的專長和愛好，可以生活得有滋有味。優雅的女人，有一種閒適恬淡的處世態度，懂得忍耐、理解和寬容。

當優雅成為一個女人自然的氣質時，她一定充滿了女性的魅力，她一定光彩照人。優雅的女人是同類中的尤物，讓女人們心儀，讓男人們欣賞。

妳有妳的品味嗎

什麼是女人的品味？我理解它是一個女人內涵的外在表現。有品味的女人應該具備以下特點：善良、機智、成熟、自尊；而且知識廣博豐富，思想深刻充實，談吐文雅大方，衣著雅致得體。

一個有品味的人，她會精心的包裝自己，她的衣服不會五彩斑斕過分張揚，也不是流行前衛嘩眾取寵，她的選擇只會符合自身的特徵個性，在什麼場合穿什麼樣的衣服，感覺不張揚、不媚俗，卻修飾得十分自然得體。有些女人，總是在不斷的購物，但是需要用時卻拿不出個像樣的東西。但有些女人，哪怕就是一條絲巾，都讓人覺得很有格調。她們之間的差異並不在於錢包的厚度，也不在於身材的好壞，而在於「品味」。女人選購東西的眼光與生活的方式息息相關。購物隨便的人，一樣會隨便做事，隨便交友。有些人會習慣買一些沒有品味的東西之後，再找藉口說「好的東西價格太貴，所以買不起」。不然就是沒有時間逛街，而這些人對待自己的人生也會用類似的方式。

不是生活狀況決定品味，而是品味決定生活狀況，這句話並不誇張。不要找任何藉口為自己開脫，你也可以擁有很高的品味。或許你說經濟原因是個很大的因素，那麼請看先賢莎士比亞的話：「你可以盡你的財力所及買講究的衣裳，但是不可以華麗爭奇；

要大方，而不媚俗，因為衣服時常表示一個人的人品。」千萬不要因為環境差異，就懶得打理打扮自己，這樣久而久之就會降低自己獨特的品味。高級的品味需要長時間的培養才能獲得。女人要把挑選東西當作一次又一次人生選擇的練習，你還滿足於那些唾手可得的東西嗎？

有品味女人，是個精緻優雅的女人。她的精緻優雅需要用心去感悟，而不是純粹用眼睛去追逐。她穿著的衣物及佩戴的飾品不一定是高級的品牌，但一定能反映出她與眾不同的非凡氣質。她不論何時都會把自己收拾得清新靚麗，淡妝輕描而不庸俗。她從不隨意邋遢出來示眾。她會把她要做的事情安排得有條有理，把所處的環境收拾得乾乾淨淨並充滿著詩情畫意。任何時候你見到她都總是風情萬種嫵媚多姿，她的舉手投足、一顰一笑都會吸引著你的眼球，給你帶來一種美的享受，感覺就像是欣賞一件藝術珍品而陶醉其中，悠長而彌久。

「品味」二字，沒有內涵是強做不來的。品味不是虛無縹緲的一種自我感覺良好，它是全面的，整體的，由表及裡的綜合表現。品味是一種集個人的出生背景、文化層次、生活素養為一體的，只能靠感覺去體驗的東西，不是什麼人都能夠擁有的。

張小嫻在自己《擁抱》那本散文集裡這樣寫道：最能反應一個女人品味的，不是她的衣著和愛好，也不是她的車，家裡的裝飾，而是她愛上了一個怎樣的男人。即使她在各方面品味都不錯，若愛上一個差勁的男人，便功虧一簣。有品味的女人，是個有責任心的女人。她會對自己的言行、工作、生活、家庭、事業負責，同時她也會對身邊所有的人負責。她知道相夫教子是她人生中最為重要的責任，但她也不會為此迷失自己。在工作上她會盡心盡責，在生活中她會細膩而溫情。她不會是一個完全的家庭主婦，但家庭對於她而言永遠都是擺在第一位，她珍惜家庭就像是珍惜她的生命。

我想是這樣的，總覺得喜歡一個人就要讓自己和對方平等，至少不能差別太大，你有你的銅枝鐵幹，我有我的紅碩花朵。如果你覺得自己是一個不一樣的女人，你就應該選擇要站在一個成功男人的背後。有品味的女人人生樂觀向上，而不頹廢放縱，待人真誠而不虛偽；舉止從容而不輕薄；性情平和而不浮躁；自尊自信，但不狂妄自大；溫柔體貼，但不軟弱屈從。有品味的女人會營造一個平靜的生活環境，她擁有高雅的愛好和情趣，會用自己的眼睛發現身邊的美，並用心去感受它。她有豐富多彩的內心世界，不會讓無聊、平庸的事情來破壞自己平靜的生活，在繁華浮躁的現實中，能讓自己的心歸於平淡。當然她也有喜怒哀樂七情六欲，但是她的表達是自然的、適度的。有品味的女人有獨立的思想和人格，絕不會人云亦云、隨波逐流。在喧囂的人群中，她可能會用沉默來表示她不俗的內心。有品味的女人是有責任感的女人，無論在生活中，還是在工作中，她都會盡力「演」好每一個角色，好女兒、好妻子、好母親、好職工。

一個人的品味與其環境、經歷、修養、知識分不開。只有靠特意培養良好的修養，累積豐富的知識，才能有充實的內心世界，才能表現出高尚的思想和高雅的品味。

有品味的女人，就是有內涵、有魅力的女人，就是有女人味的女人。走在擁擠的人群中，你會一眼發現她。用品味做底蘊的優雅女人不見花開，只聞暗香浮動。

第三章　戀愛密碼詮釋女人味

愛情，是女人生命中最重要的話題。愛情，也讓無數的女人前赴後繼，無畏心碎。

俗話說，戀愛中的女人最美，因此戀愛中的女人也最有女人味。在正確的時間遇上對的人，是每一個女人最渴望的事情。但是，愛情裡充滿了甜蜜，也充滿了不可捉摸。如何在愛情裡獲得幸福，成了女人費盡心思琢磨的難題。其實，愛情也有密碼，學會運用你的女人味來破解戀愛密碼，你就能夠獲得一份甜蜜的愛情。

動情之前先動腦

俗話說，戀愛中的女人都是傻瓜。情竇初開的妙齡少女，一旦陷入愛情，就容易迷失自己。她會讓愛情這件事占據自己的整個大腦，她會為了愛情食不甘味，睡不安寢，她還總是在心裡唸著「他愛我，他不愛我……」這樣的女孩對待愛情單純而認真，但如果沒有受到正確的引導，一味為愛奮不顧身，最終會傷害到自己。

愛情是甜蜜的，動人的，但愛情又是最不可捉摸的。愛情付出了，不一定會得到相應的回報。如何平衡付出與回報的問題，是一個女人在戀愛之前就應該學會的。十幾歲的時候，我們懷著對瓊瑤劇的憧憬，一遍遍幻想自己的愛情，甚至不惜蹺課、騙老師家長來成全自己的愛情。有的女孩為此荒廢了學業，卻很痴心覺得自己的愛情很純潔很偉大。等到有一天男友離開了她，她這才號啕大哭，為自己的付出感到痛心。女人是感性動物，因此女人常常是動情之後再動腦。但是，動情是要付出成本的，然而風險永遠與收益成正比，這是經濟學的定理。所以，女孩子一定要學會在動情之前先動腦。這才能保證你擁有一份理性的而不是衝動的愛。

動腦需要什麼？當然是知識。什麼樣的人該去愛，什麼樣的愛情才是可靠的愛，這都需要女孩有一個清醒的頭腦，有自己足夠的判斷力。有的女孩單純得像一張紙，經不起「大灰狼」稍微的偽裝和誘惑，就陷入了愛情的陷阱之中；有的女孩受言情小說和電視劇的影響，容易被一些貌似浪漫但卻十分虛幻的愛情所打動，但這樣的愛也往往是持續不久的；有的女孩有戀父情結，為一些大叔的所謂的關心所感動，不顧一切上演這種扭曲的戀愛。其實，說到底，要想擁有一份健康的，能夠穩定發展的愛情，就需要一種愛的能力。

伊娃是一位長相甜甜的女生，家境優越，從小習慣了被人呵護的感覺。伊娃在上大學之前，被家人小心保護著，沒有陷入過早戀愛的泥沼之中。但伊娃上了大學之後，離開了父母，依賴性很強的她面對即將到來的獨立生活，有些無所適從。大學裡課業減輕了許多，這讓伊娃的閒置時間越來越多，但她又不知道怎麼打發這種閒置時間。

恰好這時，同班一位高大的男生開始追求伊娃。伊娃對這個男生的感覺很淡，並不是很喜歡他。但是這個男生好像很懂伊娃的心事，總是在她空虛無聊的時間出現，陪她聊天、吃飯、玩。如果說伊娃不喜歡這個男生，她本應該拒絕他，離他遠遠的，但是沒有任何判斷力的伊娃任由這個男生做出各種殷勤的舉動來消除自己的無聊。時間一長，伊娃自然也就習慣了有他陪伴的生活，就這樣不知不覺成為了他的女朋友。

之後，伊娃的大學戀情也非常普通。沒有逃脫被追到依賴，再到同居的愛情俗套。陷入愛情的伊娃並沒有學會成長，相反越來越乖張，她為了他經常蹺課，還為了他和室友翻臉，還時常因為他未接自己的一個電話而憂心忡忡……但就在兩人相處一年之後，那個男生又喜歡上了別的女孩，就向伊娃提出了分手。伊娃對此痛苦萬分，從小沒有受過氣的她一下子病倒了。而那個男生卻對此不管不問，和別的女生已經成雙成對在校園裡散步了。伊娃質問他問什麼這麼狠心，那個男生竟然很無賴地說，我那時看到你很無聊，就想陪陪你啊，陪了你這麼久你還不滿足啊，誰讓你那麼沒有腦子呢？

是啊，如果一個女孩在戀愛之前不會用腦，那誰會為你的愛情負責呢。張小嫻說過，愛從來就是一件千回百轉的事情。愛情正因為不易，所以女孩一定要慎重，只有自己能夠為自己負責。對愛情動腦筋，就是要學會具備一種愛的能力。愛情不是盲目的，面對愛情我們要學會有備而來。愛的能力其實就是一個女孩在成長的過程中要鍛練自己各方面的能力。比如認識自己的能力，判斷人的能力，人際交往的能力，正確的價值觀，獨立思考的能力等。只有具備了這些良好的素養，你才有能力去面對愛情。愛情有風險，想要有效控制自己的愛情，就要懂得掌握好你在動感情的時候該投入多少的時間、精力、希望、機會等。

為愛做出傻事的女人不在少數。因此，動情之前你要學會動腦並開始累積遊戲的資本。愛情不是人生的全部，但一般其他事情也做得比較好的人，愛情也會比較圓滿。因為戀愛本來就是做人的一部分，會做人的人才會戀愛。開始一段好的戀情，首先要找對一個好人，然後要有一個好的心態，會經營自己的愛情。無論愛情的結果怎樣，做好自己，就不會有太大的失誤。

愛情從遇上可靠的人開始

總是有女孩子抱怨，為什麼自己運氣那麼不好，老遇上垃圾男。從青春期開始到現在青春即逝，一路走來，遇上的全是爛桃花。到了適婚的年齡，偏偏就是沒有一個可靠的男人，能讓自己下定決心嫁給他。

有的女孩在青春期的時候喜歡浪子、搖滾歌手之類的，最後把自己變成了一個濃妝豔抹、抽菸酗酒的女人；有的女孩喜歡成熟穩重的男人，卻很多時候不知不覺「被」小三了；有的女孩壓根就沒有腦子，精神壓力大、神經脆弱的時候隨便找了個男人來依靠，可最終發現並不是所有男人都靠得住……也許這是個不太安寧的社會，各種離奇的戀愛橋段紛紛在街頭上演，什麼三角戀、劈腿、愛上大叔、姐弟戀等等，情感類作家也一時忙碌起來，為那些深陷情感糾結的男女解答疑惑。

雷子是個一臉匪氣的男人，少年時就是電影裡面的古惑仔，如今長大了就是夥伴們當中說話挺有分量的老大。他追女生的方式往往很直接，敢理直氣壯站在女孩面前說「我愛你」，見過幾次面就送很大方的禮物。等女孩子成了他的女朋友，他更是本著保護女友的名義來干涉女孩的生活。女孩子一般都知道這樣的男人不能碰，但是女孩子又往往迷戀於這種感覺，一口一句「你是我的女人」、「我就是要對你好」之類的，說得盪氣迴腸，頗有電視劇中毒的感覺。

云云就是這些女人中的一個，平時挺有頭腦的一個人，在遇到雷子之後，被雷子鐵漢一般的性情所吸引，就徹底沒轍了，不顧身邊好友的勸告，心甘情願做了雷子的女人。但之後的故事就不大好了，云云隨時都要向男友報告行蹤，遇上男同事也不敢說一句話，和姐妹們在一起的時間也越來越少了。等到云云實在忍無可忍，想要離開的時候，更是被雷子死纏爛打不放手，一邊拋灑鐵漢淚，一邊恐嚇云云要是她敢離開他就自殺之類的荒誕話。云云只好感嘆自己命苦，偏偏遇上了這麼不可靠的男人。

其實，什麼樣的女孩吸引什麼樣的男人。你是溫柔的、文靜的，吸引的也多是儒雅的、內斂的男人；你是性感的、火熱的，吸引的就往往是那些成熟的男人。有的女孩在大街上總是遇到陌生男人搭訕，不是詢問電話就是問通訊軟體的帳號。有時候這些女孩會很得意，覺得自己一定是美貌出眾，惹得陌生人都來搭訕。其實，你不想想，那些跟你搭訕的男人是什麼樣的人，一般各方面良好的男人會這樣做嗎？你不穿得那麼暴露，行為那麼撩人，人家怎麼會被你吸引過來呢？如果你頭腦清晰，做事有原則，會掉進不可靠男人的陷阱裡嗎？

女人遇上不可靠的男人，除了恨自己當初瞎了眼和懊悔之外，很有必要自省一下。如何避免遇上不可靠的男人也是一門學問。你思想越健康，行為越端正，壞男人見了你也要退步三分，不給他可乘之機，你也就避免了一道危險。《蝸居》裡面的「小三」海藻，本來是一個清純、可愛的女孩，她能不知道宋思明這樣的男人多麼危險嗎。即使外表再堂堂正正，氣度非凡，也不是和自己同一世界的人。可當你非要向人家的世界靠攏時，你已經邁進了危險的第一步。有的女孩糊里糊塗和別人好了一場，卻發現別人已經結婚了，是偽裝單身和自己交往的。有的女孩愛上了一個出手大方的富家公子，可後來才發現是冒牌的公子，只不過處處表演得像公子而已。有的女孩天天泡酒吧，妄想在此找到結婚人選，於是她遇到的總是不良的男人。如此多的不可靠，讓女人們傷透了腦筋。

有位情感作家的一段話非常精彩：「不要害怕孤獨與寂寞。年輕女孩總不習慣一個人生活，急於投入朋友與男人的懷抱。但這樣就沒有獨立思考的機會，容易隨著慣性渾渾噩噩糊塗過下去。多給自己一些獨處與自我學習的機會，這樣才能清楚知道自己要的是什麼。」是啊，無論做任何事情都是要學會思考的，如果一個女孩子只知道談戀愛，卻不會用頭腦來思考怎樣談一場可靠的戀愛，那麼她將永遠糊塗下去。美好的愛情要從遇上一個可靠的人開始，當你戀愛的對象是個眾人都看不慣的樣子，永遠不要期待你們的愛情會開出幸福的花朵。

實力才是吸引力

一個漂亮的女人在年輕的時候，總是受到眾多男人的追捧。她們努力展現自己的美貌，追趕時尚的步伐，在她們的青春年華風光無限。可是，再貌美的女人也有年老色衰的一天，等到她們明日黃花的時候，還有幾個男人願意守在她們身邊。女人總是太在意自己的容貌，以至於忽略了很多重要的東西。一個女人要想永保自己的吸引力，光靠美貌是遠遠不夠的，她需要有足夠的實力。

莎朗．史東（Sharon Stone）是美國一位著名的女影星，當她主演的《本能》席捲全球的時候，她已經三十歲了。然而在之後的十年裡，她患了腦溢血，隨後又離婚，並且還收養了一個孩子，真可謂一路坎坷。可正當她將被世界遺忘的時候，她竟出人意料再次站了起來，在接受美聯社的採訪時，她這樣說道：「起初我想，我的四十歲會是什麼樣的呢?人老珠黃,無人理睬,而且還是個單身媽媽!難道不是地獄嗎?可事實並非如此。與我約會的都是二十二歲到三十九歲的小夥子,我很樂意聽他們的讚美——這個年紀的女人也可以很性感!」

毫無疑問,因為莎朗.史東是莎朗.史東,所以即使年逾不惑,依然光彩奪目,她依然吸引著眾多比她年齡還小的男孩們,難道只因為美貌嗎?比她年輕比她美貌的女孩多的是啊!後來,莎朗.史東還一度成為 Dior 護膚品代言人,她說:「其實我一直很想做護膚品代言人,但從沒有品牌找我,直至兩年前我助手說 Dior 邀請我做代言人,當時我向助手說:究竟他們知不知道我已經四十七歲?或者他們應找人由法國飛來看一看我的臉,為什麼他們不找一個二十五歲的年輕美女呢?」是啊,Dior 為什麼不找個年輕美貌的女子,而偏偏找上四十七歲的莎朗.史東來做代言人呢?這足以說明莎朗.史東的實力以及她無可抵擋的魅力。

女孩子如果年齡一大還單身著,就會有一種恐慌,害怕自己嫁不出去了,或是嫁得不好。真的是這樣嗎?如果是年輕的女孩子是一張純淨的紙的話,那麼成熟的女子就應該將自己演繹成一副絢麗的畫。年齡的增長並不可怕,可怕的是你隨著年齡的增長越來越老,卻沒有絲毫的增值。這樣的女人一旦歲月流逝,真的就什麼都沒有了。一個聰明的女人卻懂得不斷修練自己的魅力，增加自己的實力，她可以坦然面對自己的皺紋，她永遠都是別人眼中的亮點。

實力才是女人永恆的吸引力。可是許多女人不明白這個道理，她們把太多的時間和眼淚花在不值得費工夫的事情上了。男人變了心，她們覺得是自己不夠美貌，或是不夠溫柔，她們總是怨恨命運，她們總是糾纏於男人為什麼變心，她們從來不認真想一想——如果自己是一個實力派女人，結果會怎麼樣呢？生為女人，最寶貴的並不是容顏和年齡，甚至也不是男人的愛與承諾，而是自己對自己的經營，必須使自己像索斯比拍賣行的拍品一樣，即使幾經易手，但依然存在升值空間。就像時尚界最著名的可可·香奈兒一樣，她可以在七十一歲高齡的時候高調複出並再次創造時裝奇跡，誰能說她不是最有魅力的女人呢！

一個聰明女人是永遠不會糾結於自己容顏的老去，男人的變心等，既然世界上任何事情都存在著那麼多的風險，為何不經營好自己呢。一個聰明的女人懂得在年輕的時候不斷修練自己的實力，當你擁有了足夠的實力，還有什麼好怕的呢。

不要錯過生命中的他

詩人徐志摩曾寫下這樣一段文字：「我將在茫茫人海中尋訪我唯一之靈魂伴侶。得之，我幸；不得，我命。」可見，愛情對於每個人來說都是可遇而不可求的。所以，當愛情來臨的時候，一定要好好把握，切莫讓它與自己擦肩而過。

在電影《大話西遊》中有一對對愛情注解最經典的臺詞：「曾經有一份真摯的愛情擺在我面前，但我沒有珍惜，等到失去了我才後悔莫及，塵世間最痛苦的事莫過於此。如果上天可以給我再來一次的機會，我會對那個女孩說三個字『我愛你』。如果非要在這份愛前加一個期限的話，我希望是一萬年。」

很多時候，女孩子認為主動是男人的事情。女孩子必須有足夠的矜持，等待著男人來追求自己。即使遇上了自己心儀的對象，也只能默默喜歡著，生怕別人看穿了自己的心思，成為別人口中的笑柄。女孩啊！你難道不知道真正的愛情很難遇到嗎？因為被動和害羞了錯失了一段美好的愛情，那是多麼可惜啊！

在愛情中，很多女人選擇了被動，被動得等著別人來愛你，來離開你。這樣你將永遠只是一個被動的角色，你掌握不了愛情發展的方向，你只能跟著男人的步子走。而一個能夠掌握愛情主動權的女人，她能從茫茫人海中看到自己最中意的那個他，她會情不自禁走近他，她會讓他走進她的生活，直到有一天成為她的愛人。她永遠不會讓自己的生命留下任何遺憾，不管最終的結果如何，她都已精彩綻放過了。有一句話是這樣說的：「不願為任何人捨棄驕傲，又巴不得能為某個人放下矜持。」所以，當你遇到了生命中的那個他，放下一點矜持又何妨？

愛情有時候很遠，有時候很近。當你被某個人瞬間點亮了雙眼的時候，不要猶豫，不要怯懦。人生得一知己不容易，更何況是自己的愛人呢。錯過了，留下的是一段遺憾；錯過了，你永遠在心裡無法釋懷。那麼就不要讓他錯過，當愛情來時，牢牢把握住吧！

愛得要有分寸

愛情要愛到多少才能最愜意、最舒服？李敖說「不愛那麼多，只愛一點點」，也有人說「愛一個人愛八分剛剛好」……總之說的都是要有一個分寸的問題。愛人要愛得有分寸，愛得鬆弛有度，才能有健康的愛情，才能保證長久的愛。

雕塑家羅丹（Auguste Rodin）的「著名情人」卡米耶．克洛岱爾（Camille Claudel），就因為發瘋似的愛情，一直生活在羅丹的陰影裡。卡米耶是個天才雕塑家。

後來，她成了羅丹的學生，並且不顧一切愛上了他，以至於因愛而瘋狂，在冰冷、無情的瘋人院生活了三十年。很多人評價說卡米耶「成也羅丹，敗也羅丹」，其實，她只是輸給了愛情。

卡米耶六歲雕塑出第一尊「作品」，十八歲自立雕塑室。天生的才華和過早的成就賦予她桀驁的個性。這樣的女人，即使遇到愛情，也一定要得到最完整、最無私的愛才肯甘休。但不幸的是，她偏偏碰到的是羅丹，一個只把雕塑視為一生摯愛的人。西元一八八三年，卡米耶與羅丹相遇，當時她十九歲，而他四十三歲。羅丹被她的才情和美貌折服，她進入他的工作室。卡米耶除了美麗、勇敢、驕傲和富有才華，她還是霸道的。在愛情裡，她需要一個完全屬於她自己的愛人。為了不再讓羅丹與別的女性有來往，一八八六年，他們簽下了一份「愛的合約」，他在合約裡承諾永遠照顧她、保護她、對她忠誠，從此不收女學生，不用女模特兒……然而，羅丹怎麼可能做到？羅丹這樣一個把雕塑視為終身伴侶的人，不可能給任何一個女人全部的自己和愛情。卡米耶就在這種絕望的愛情中瘋掉了，她毫不保留愛上了羅丹，但在羅丹的傳記裡，她只是一個曖昧的大寫字母C。

過分的愛造就了天才雕塑家卡米耶一生的悲劇。愛是一種快樂，太愛則是一種負荷。很多時候，女人為愛情犧牲了很多，結果卻並沒有得到自己想要的同等的愛。並不是男人不給妳足夠的愛，而是太多的愛對男人來說也是一個枷鎖，一個沉重的負荷，他會被這濃烈的愛逼迫得喘不上氣來。愛要量力而為，量力而為的愛情不僅不會失去自我，打亂自己的生活，也不會給對方造成太大的壓力。作家三毛的「馴夫術」就是放任老公荷西去做一個自由的丈夫，而不是用太多的愛去設法控制他。三毛曾經說過：「我的心有很多房間，荷西也只是進來坐一坐而已。」

同樣，如果一個男人對妳好得太過分，好得沒有分寸，妳一定也要小心了。

妮妮是個貌美如花的女孩，身邊總是圍著不少的男孩。但是令妮妮困擾的是，她自己也想不出要和誰交往。A男溫文儒雅，成績很好，B男陽光燦爛，很會打籃球，C男很幽默，最會逗人開心……雖然有這麼多的愛慕者，卻沒人像小李那樣為她付出。小李不像別的男生那樣，只會在恰當的時候表現一下愛慕之意，他總是陪在妮妮身邊，天熱了為她撐傘、天冷了給她送暖暖包、吃飯只吃妮妮喜歡的、衣服也只穿妮妮看順眼的。妮妮高興時他陪著笑，妮妮生氣時他就在一旁責備自己……兩年下來，妮妮被這個不起眼的小李打動了，心想他就是最喜歡自己的人，他把自己放得那麼低，將來他一定會永遠對自己好。於是，妮妮心甘情願成為了小李的女朋友。

然而妮妮並沒有得到她想要的愛情，曾經百般殷勤的小李不到幾個月就開始冷落她，並開始追逐新的目標了。妮妮痛苦萬分，她實在想不通的是小李花了兩年時間才追到自己，他對自己那麼好，甚至好得都沒自尊了，他為什麼不好好珍惜還去喜歡別人呢？其實，妮妮傻，傻在分不清什麼是愛。女孩子選擇男朋友總是選不到自己最喜歡的，卻選那些追最緊的，追得越執著就代表他越愛妳。真的是這樣嗎？他把自己放得很低很低，為妳不惜一切，他真的是甘心情願嗎？有一位作家曾這麼說過：「當一個人對你好得超過了他自己，這其中必定有詐。」有些男人就是把「追逐目標」當作自己的樂趣，女孩子一定要認清。

愛得有分寸，這樣的愛才會輕盈。愛得太沉重，最終受傷的是兩個人。

不要懷念舊情人

很多時候，女人都有戀舊的情結。戀舊情結像一根無形的紅絲線，隱隱約約始終纏繞著心扉；又像一杯美酒，常常獨自的品味。曾幾何時，情不自禁開始回憶往事；曾幾何時，又常常沉醉在美好的過去。

女人最難忘的總是舊情人。因為女人都忘不掉男人對自己的好，女人愛懷舊，有過幾次戀情就相當於活過幾次。人走了，茶涼了，可記憶還繞梁三生……

女人都愛回憶，回憶當初的種種美好，甚至是悲傷，也會被她們渲染出一種淒美的氣氛，彷彿自己就是故事裡的女主角，或愛意綿綿，或悲情失意，至少自己是不寂寞的。記憶裡的她們都是生動的，惹人愛憐的，如同鮮花一樣恣意開放，即使遇上了風吹雨打，也要努力長出一副備受委屈的面孔，等待男人們的安慰和體貼。

可是突然有一天，故事裡的男主角要撤出這個舞臺，她們發瘋了，歇斯底里不肯放手，以愛的名義做出種種阻撓。沒有了男主角，這場戲還要怎麼演，她們總不能自己上演一場獨角戲吧。

男人們離開之後，她們沉默了，不再醉心於各種虛偽的表演，大肆展現自己原本的真面目。不用再裝淑女，不用每天精心化妝，不用害怕長胖，不用為男人煩心。這樣輕鬆自在的日子，她們卻並不滿足，寂寞的時候無人傾訴，想發脾氣的時候無人接招，想晒幸福的時候也拿不出東西來顯擺。也曾做出一副積極向上的模樣，好好善待自己，穿名牌吃大餐，讀外國小說喝一個下午的咖啡，孤芳自賞擺出一副冷豔的姿態，可最終還是因為無人欣賞而匆匆收場。

孤獨的時候，她們不免拿出以前和舊情人在一起的照片、信物，一一翻看，思緒又被拉得很長很長，在某個雨天美麗邂逅，在某個下午一起看夕陽落山，一起計畫著各種各樣浪漫的旅行……她們不禁看得淚水漣漣，懷念起舊情人種種的好。

然而，她們總是要長大的，習慣了自己一個人的日子之後，她們竟然發現自己是那樣的不錯。工作上開始盡心盡力，事業有了起色；遇到麻煩時：自己也可以獨當一面，順利解決難題；當自信的笑容再一次綻放在臉龐的時候，好們引來了越來越多優秀男士的青睞。想起以前的舊情人，她們終於可以放下心態，會心一笑。

可是，最令人尷尬的事情竟然發生了：早已沒了聯繫的舊情人竟然找到了她，終於在某天的某一時刻，淚流滿面坐在她的面前，痛苦訴說著：「離開你之後，我過得很不好，我們可以重新開始嗎？」此時的她靜若止水，面對這個熟悉的陌生人，她只能輕聲安慰說：「沒有什麼困難的事，堅強一點吧！」她很想起身為他泡一杯紅糖水，聽一聽他的訴說，可是她已不能。

她終於走出了那個灰暗的記憶，所以她不願再回頭。可是，如果她沒有成長為今天這個強大而自信的自己，說不定她還是要回頭的。女人都逃不過男人對自己的好，特別是自己愛過的男人。只是誰也不能保證，這一次就會愛得很圓滿。

其實在生活中，女人總愛給男人「機會」，不管是第幾次受傷，她永遠願意相信這一次他是真的「改過了」。這全是女人的戀舊心理所致。因為，女人的愛永遠都是有慣性的。愛一個人就希望一生一世義無反顧，把他從陌生人變成戀人，再由戀人變成廝守終身的人，一個女人的戀愛理想，莫過於此。於是，為了維護自己愛的圓滿，女人不惜自傷。她以為退一步海闊天空一切可以從頭來過，到頭來他卻把你當成了免費停車站，可以歇腳，但一旦有了新的精彩，絕不多做逗留。

所以啊，女人不必太戀舊，太戀舊的女人永遠是站在受傷害的位置上的。多年的痴纏，只是令你耗盡了精華耗盡了美。你的戀戀痴心只給了男人一種暗示：進可攻，退可守，有花可采時他樂得浪漫，無花可采時回去找你！女人不要太戀舊，當愛情走時，順其自然，尋找自己的新生活才是正經事。

桃花朵朵不如桃花一朵

在《詩經．周南．桃夭》篇中這樣寫道：「桃之夭夭，灼灼其華。之子于歸，宜其室家。桃之夭夭，有蕡其實。之子于歸，宜其家室。桃之夭夭，其葉蓁蓁。之子于歸，宜其家人。」

這首詩描寫的是在桃花盛開的時候，一個像桃花一樣美麗的女子出嫁時的情景。後來，人們就將這裡的桃花引申了一個主宰男女異性緣的新名詞「桃花運」。

桃花運是一種很玄妙的東西。有的女人並不見得有多麼漂亮，多麼聰明，多麼有才華，但身邊總是有很多異性的追隨。而有的女人卻好像命中注定似的桃花運匱乏，成了大齡青年也沒有和男人拉過手。在女人的心裡，都渴望自己的桃花運旺盛，這樣才能在眾多的桃花中挑選一朵自己最中意的桃花來。

然而桃花運太旺盛也並不見得是什麼好事。這樣的女人往往熱情洋溢，懂得男人的心，會撒嬌會發嗲，她們把自己的風情向男人展現得淋漓盡致。男人追逐她們，她們在男人之間周旋，可是愛的對象太多，女人往往是挑花了眼也挑不出合適的對象。

小諾就是這樣一個面若桃花的女子，她時而風騷動人，時而清純可愛，各種類型的男人都喜歡她。對於嫁人這件事，小諾的心裡很清楚，她並不想和很多男人糾纏，但是她又覺得婚姻是件很慎重的事情，非得挑一個自己百分百滿意的才能幸福。於是，她曾在同一時間裡和三個男人在交往。這三個男人各有優勢，都是她備選的結婚對象。

男朋友多，小諾自然很忙。忙著和一號男朋友約會，之後又忙著向二號解釋自己為何會遲到，還得向身在外地的三號通電話聯絡感情……即使是這樣，身邊的男朋友還是不穩定，這個退出了，另一個很快就補上了。幾年過去了，小諾還是沒有找到自己肯嫁的男人。當愛情像朵朵桃花一樣四處亂飛時，你除了在桃花叢中看花了眼之外，真的什麼也得不到。

關於愛情，柏拉圖和他的老師蘇格拉底有這樣一段對話：

柏拉圖問蘇格拉底：「什麼是愛情？」

蘇格拉底說：「你到麥田走一遍，不能回頭走，在途中要摘一串最大最好的麥穗，但只可以摘一次。」

柏拉圖覺得很容易，充滿信心走出去，誰知過了半天他兩手空空回來了。

蘇格拉底問：「你摘的麥穗呢？」

柏拉圖回答：「我看到很多又大又好的麥穗，但是卻不知哪一株是最好的，因為只可以摘一次，不得已只好放棄，再看看有沒有更好的。最後走到盡頭時，才發覺手上一串麥穗也沒有！」

這時蘇格拉底告訴他：「這就是愛情。」

世界上沒有完美的人，你也不可能遇到那樣的人。愛情不是挑選商品，一件一件挑選，找到一個性價比高的商品出來。以這樣的心態去尋找愛情，你對愛的態度就不認真，你也不可能獲得幸福。兩個人之間的愛情，是以感情做鋪墊的。沒有了感情的基礎，一切都是空談。

愛情永遠都是一對一的關係，這樣的愛情才夠甜蜜，夠溫馨。不要讓自己陷入了桃花陣。不懂得珍惜和維護自己的愛情，它就從你身邊匆匆走遠。

現在很多優秀的女人在愛情上卻不太順利。她們總是在心裡盤算著：「什麼條件的男士才是我想要的。」念大學時的戀愛很簡單，不會拿著秤砣去較斤較兩，只要有愛情就可以了。可是我們一旦步入了所謂的適婚年齡之後，再遇見愛情就不免有「風險評估」的意識出現。我們會計算這場戀愛會不會走向婚姻，值得投入多少？如果失敗，我會損失什麼？如果成功，我會得到什麼？因此，縱使你身邊有很多的桃花，你也不肯遲遲下定決心選中其中一株。然而桃花也不會永遠等著你，很多時候在你猶豫的時候，就錯過了自己的愛情。

一個聰明的女孩，絕不會沒有自己的愛情原則，不會身在桃花叢中卻尋覓不到真正的愛情。她有著自己的愛情態度，不會因為世俗的環境而迷失了自己的方向。一個人只有對愛情懷著一顆真誠的心，一個執著的態度，她才可能得到自己想要的愛情。不要聰明反被聰明誤，害了自己。

愛情不是偶像劇

愛情本來是一件很簡單的事情，可是很多時候我們為了將它演繹得更生動更美麗，不斷在裡面加入了各種調味料。女人都是天生的編劇，不喜歡平淡的愛情，她們渴望愛情裡有點轟轟烈烈的感覺，就像電影裡的很多橋段：比如一次浪漫的邂逅，英雄救美那樣的情節，或者是在生日的時候收到一個特大的驚喜。為什麼大多數女人都愛看偶像劇，因為她們愛看裡面的浪漫場景，很多女人陶醉在其中，一邊嚮往，一邊嘆息。

當愛情被這些花裡胡哨的東西包圍的時候，你還能看得清愛情的方向嗎？很多時候，你不過是愛上了被愛的感覺，而不是愛上了和你談戀愛的那個人。可是生活畢竟不是電視劇，會為了吸引大家的眼球，不斷製造各種浪漫和高潮。生活是平淡無奇的，愛情也是簡簡單單的。不能在平淡生活裡長存的愛情，一定是不真實的愛情。就連演過很多浪漫愛情的佟大為，也發出過這樣的感慨：「生活裡的愛情遠沒有電視劇裡那麼浪漫，那麼戲劇化。」

小敏和男友戀愛兩年，感情穩定，正在籌備結婚。本來就要成為一個幸福新娘的小敏卻被一個帥哥盯上了。面對帥哥的猛烈攻勢，小敏急忙躲閃。因為這對即將步入婚姻殿堂的她來說，實在是太不可靠了。可是，帥哥並沒有因為小敏的不理不睬而有絲毫的退縮，反而更加殷勤使出各種各樣的花招來逗小敏開心。這個帥哥實在是太浪漫了，浪漫的手段一點也不遜於偶像劇裡的橋段。小敏說她不開心，帥哥馬上請假帶她去看海，一會兒玫瑰示愛，一會兒鑽戒示情，一會兒叫齊一幫朋友在樓下點蠟燭，一會兒燒製愛心瓷盤，一會兒製作大幅的小敏照片。小敏和男友的戀愛一向是平淡中見深情的，小敏也一向只相信平平淡淡就是真的道理，可是帥哥為她製造的浪漫實在是讓她感動，太像偶像劇了，大大滿足了女孩子渴望愛情的內心。然而，小敏畢竟和男朋友就快要結婚了，她不想再和帥哥糾纏下去了。於是在帥哥急切向她求婚的時候，她就斷然拒絕了。沒想到的是，帥哥當晚竟然為情自殺，在醫院搶救了三天才脫離危險，好一個痴情的男人啊！小敏一下子就感動得淚流滿面，於是不顧一切和男朋友分了手，心甘情願做了這個痴情帥哥的新娘。

小敏認為她和帥哥的愛情來之不易，帥哥一定會好好珍惜的。可是事與願違，他們結婚才一年，帥哥就瞄上別的女孩子了。更可氣的是，他對那個女孩子的求愛方式和追求小敏時候所用的那些浪漫手段一模一樣，絲毫不差。那個被愛所陶醉的女孩子也是立刻感動，和帥哥好得如膠似漆了，就等著帥哥和小敏離婚來娶她呢。小敏知道後就和帥哥大鬧。帥哥一下子沒有了昨日的溫情，立刻變成了一個兇神惡煞的豺狼，逼迫小敏答應離婚。小敏徹底崩潰了。

有的人並不懂愛情，但是卻習慣。他們的愛情裡不需要太多的信任和溫情，甚至不需要太多的愛，只需要用一點浪漫的場景來裝點一番，立刻就是一場轟轟烈烈的愛情了。女人遇上這種有表演欲的男人，千萬要躲開。因為他只是和你一起來表演一場看似華麗的愛情模式，但他卻從未真正走入愛情的實質。

對於一些自己非常熱愛浪漫的女人來說，千萬不要憑藉自己的想像去談戀愛。遇上一個很儒雅的帥哥，你立刻把他想像成一個才華橫溢的才子。於是，你走近他，讓他認識你，了解你。你會靜靜站在圖書館門前等他，你會給他寫美麗的詩、畫美麗的畫。當他對你不太熱情的時候，你就暗自流淚，然後看一場相關情節的電影。你覺得自己和電影裡的女主角非常的相似，你和她一樣愛得痴情愛得絕望。哦，親愛的，事實上，你並沒有愛上任何一個人，你只是和自己的頭腦談了一場假想的戀愛，而那位儒雅的男士不過是莫名其妙被充當了你的男主角。能演繹這樣愛情的女人，肯定是帶著一點小小的才情和濃郁的文藝氣息。你們可以利用想像令現實的生活面目全非，你們可以利用想像讓自己詩意般愛一回。你只是在自己假開心，而不是真愛。

我們總期望轟轟烈烈、令人刻骨銘心的愛情，認為愛過無怨無悔。可是，真正的愛永遠沒有那麼宏大和壯觀，它蘊涵在生活中的點點滴滴。認認真真去體會一場愛情，完全比表演一場愛情要美麗，要真實得多。愛情不是偶像劇，愛情不需要太多的表演。

一執著，愛就死了

「問世間情為何物，只教人生死相許！」金庸大俠在他的小說《神雕俠侶》中，渲染了楊過和小龍女這一對痴情怨女之間的感人肺腑的愛情故事，這句經典的愛情名言也感動了無數的少男少女。這種愛情不是尋常夫妻之間的噓寒問暖，不是平淡生活裡的細水長流，而是驚濤駭浪般的曲折，是望夫石般的堅韌和執著，些許還夾雜著一些絕望和痛苦……這樣的愛情是可歌可泣的，望夫石的故事也流傳了千百年。

可是，你有沒有問過，那個將自己等成了望夫石的女子，她真的幸福了嗎？女人的忠貞和痴情到底打動了誰呢？一些在感情上執迷不悟的女人，就像面臨一個自掘的深淵，儘管裡面充滿了灰暗和痛苦，她還是要往裡鑽。最終，愛人沒有回頭，而她卻把自己等成了一個憔悴的女人，將自己的大好青春變成一片荒蕪。

安徒生（Hans Christian Andersen）的童話《美人魚》被奉為愛情的「聖經」。那是一個淒婉的愛情故事。

小美人魚是海王最小的女兒，也是最美麗的女兒。在她十五歲時，她被獲准可以露出海面看看外面的世界了。一天，當她露出海面出來玩耍時，無意中遇到了一艘船隻觸礁沉沒，她救起了落人大海的王子，並對他一見傾心。可她卻因不屬於陸地只得離開他。當王子醒來時，看到的是另一位年輕女子，他以為這個年輕女子是他的恩人。

小人魚愛上了王子，也愛上了人類。她傾聽祖母講述人類那不朽的靈魂後，跑到可怕的海底女巫那裡，以自己最寶貴的美妙嗓音換來毒藥，喝下去後，就再也不是人魚，也回不到海底……她的魚尾變成能輕快跳舞的雙腿模樣，但每走一步卻痛得鑽心。王子發現小人魚有世界上最好的心，但無法忘記他那另一位「救命恩人」。小人魚失去聲音，使真相永沉海底。

鄰國美麗的公主是王子必須結婚的對象。午夜，船上的聚會氣氛歡樂，婚禮即將舉行。但清晨的第一束陽光將使小人魚滅亡。此刻，人魚姐姐們帶來她們美麗長髮換來的女巫的剪刀和消息：「只要用刀刺中王子的心，就可以擁有魚尾回到海底。」小人魚卻把剪刀拋入浪花，失去了生命，化成泡沫，飛入空中。

小美人魚為了愛人，付出了自己的生命。可是她每天忍受著雙腳在刀子上行走的痛苦，她每天思念著愛人的痛苦，別人卻一點也不知道。這樣唯美的愛情也許只能出現在童話裡面。即使你對愛情忠貞似海，可這樣的愛只是你一個人的愛，你的愛人甚至不知道你為他所付出的一切。我想每個人都不會有那麼多的青春來讓你浪費的。一段沒有結果的愛情，愛上一個不該愛的人，就如同去攀爬一個你不該攀爬的懸崖一樣，隨時都有粉身碎骨的可能。正像亦舒曾說過：「所有的痴戀都一樣，當事人覺得偉大，旁觀者只認為傻氣。」

也許我們在年少的時候都犯過這樣美麗的錯誤。愛上一個人，於是就在他每天經過的路口守候他，哪怕他不看你一眼；曾經愛過的人離開了我們，我們很長時間都走不出他的陰影，會經常撥那個熟悉的電話，電話通了卻又匆忙掛掉……其實，愛情是種緣分，隨緣即好，太過強求的東西總沒有好的結果。對於那些不屬於自己的愛情，或是已經走遠了的愛情，不妨就讓它走遠吧，將這份感情的記憶留在心底。或許在你驀然回首的時候，就會發現有人正在燈火闌珊處守候著你。

一執著，愛就死了。美好的愛情從來都是輕鬆而愉悅的。太過執著的愛情往往渲染了愛情的悲壯，但並不適合現實的生活。

不要為愛迷失了自己

愛情是美好的，戀愛中的女人總是最美的，因為無數的女人為了愛情前赴後繼，不惜粉身碎骨。女人渴望愛情，追逐愛情，但女人最容易在愛情中迷失自己。

女人似乎是為愛而生的，當愛情來臨時，女人恨不得向全世界宣布她的愛情。然而愛情就像一團迷霧，遠遠的看不清它的模樣，只有走近了才知道其中的滋味。深陷愛的迷霧中的女人，漸漸忘記了自己，喜怒哀樂都因別人而生。這樣的女人愛得心痛，愛得憔悴，時刻為了自己愛的人著想。女人總會渴望他能夠愛自己多一點，於是留他喜歡的髮型，做他喜歡吃的菜，按照他喜歡的樣子打扮自己。

有的女人就是這樣，視愛情高於一切，為了愛情為了男人可以拋棄親情、事業所有的一切，只為了愛他，為了愛情委屈自己，只為迎合他的一切品味。他喜歡溫柔的淑女，就強迫自己吳儂軟語，溫柔可人。他喜歡吃家常菜，就為了他去學習，不顧油煙對女人皮膚的侵蝕。他喜歡股票、期貨，就強迫自己像塊海綿，努力的吸收財經知識，哪怕枯燥無味，也要一味迎合他、遷就他，而逐漸失去自我，變成他的提線木偶，沒有自己的靈魂，為了一份愛情，女人把自己放到最低點，委屈得自己不能再委屈。

這樣的事例雖然有些誇張，但只是將現實生活的情節放大了，女人常常會和她們一樣在戀愛中迷失自己，一切只是為了討好他而為。真正的愛情不是建立在討好的基礎上，而是發自內心的喜歡，建立在彼此尊重，彼此平等的基礎之上，而不是一味去迎合對方，將自己的生活弄得「黑白顛倒」。亦舒曾說：「人生短短數十載，最要緊的是滿足自己，不是討好他人。」

小優就是這樣的女孩。從大學開始跟男友相戀。由於男友的出色攻勢，小優放下了她全部的矜持，迅速跟男友同居了。可是，沒過多久，在小優為此男友剛剛打過胎之後，此男就成功劈腿，開始要求她搬出去。小優痛不欲生，搬回家裡沒多久，此男又來夜電：「過來陪我吧。」於是，小優居然不顧家人的阻攔，半夜跳窗打車去陪此男，而且既往不咎，倆人又迅速和好了。在家當公主的小優，沒做過什麼家務，但是為了此男，竟然練得一手廚藝。為了使此男友開心滿意，她把自己的生活費、打工掙來的錢全部給他買了他最喜歡的唱片、電腦、名牌手錶。而她自己，一年只有三雙鞋。……最後的結局是，此男友在一次次劈腿之後，和別的女人結婚，成功擺脫了已經用舊了的、殘敗不堪的小優……她又一次痛不欲生，滿腹心酸想：我付出了那麼多，我全心全意待他，為什麼他還是那麼冷酷？

素黑曾說：「女人傾向過分努力費盡心神付出，容易不自覺因沉溺、上癮而自虐，製造壓迫感。」女人需要為自己儲蓄多一點正能量才有力量愛，別再為其他人，尤其是表面需要她的人虛耗自己。付出是美德，可惜太容易被濫用，變成錯配能量，浪費精力，虛耗自己的藉口。

女人愛得真，愛得切，為愛執著，為愛憔悴，但一段幸福的愛情並不是給一個在愛中迷失了自己的人知道自己是誰，愛自己的女人才能真正贏得別人的愛。

三個人的愛情沒有喜劇

如今「小三」的故事越來越多，三個人的愛情版本也越來越盛行，但是以不是常態為開端的愛情，也一定不會有好的結果。

兩個人的愛情是常態的愛情，我們每天和心愛的人在一起，經歷著生活中的點點滴滴。快樂是兩個人的，悲傷也是兩個人的。但一旦出現了第三者，也就意味著一方的背叛，背叛的一方通常將陷入兩個人的試探當中，原來的不捨得放棄，現在的又放不下，於是他（她）只好採取撒謊、欺騙的手段來維持三個人的關係。這樣的遊戲沒有甜蜜，有的只是傷害，除非有人敢於脫離遊戲。

是啊，愛情本來是兩個人的事，如果增加一個人在裡面，就會變了味。明知道這樣的感情沒有歸途，可還是有很多男女衝上去，舉著愛的名義，向另一方提出挑戰。被挑戰的一方被激怒了，也怒氣衝衝詆毀對方。三個人在這場鬥爭中撕裂、掙扎，早已脫離了愛的本意，而是任由人性的貪婪和欲望的失控向前發展，最終的結局無非是三個人醜相百出，一起狼狽。

戀愛本來就是兩個人的事，這就是真理。三個人之間的糾結永遠是場痛。談戀愛時就得有種狠勁，當說分手時，就一定要分開。要學會勇於割捨，因為只有這樣你才能走出灰暗的過去，開闢自己新的人生。

三個人的愛情版本每天都在上演，這樣的喜怒哀傷總是比兩個人的愛情要強烈得多。如果你覺得自己心智不夠成熟，也不想把自己逼成一個瘋子的模樣，就一定要遠離它。其實我們在周圍也很少聽說小三被扶正的，即使被扶正了也要面臨很多麻煩的狀況。既然那麼麻煩，那麼難纏，為什麼我們不從開頭就選擇一段輕鬆的常態的愛情呢。就算你是不知不覺被小三的，那也學會從哪跌倒從哪爬起，無休止糾纏下去，傷的總是自己。

守得雲開是否能見月明

在現代的都市裡，不乏這樣的女人，很像亦舒小說裡的女主角，她們容貌中上，聰明，經歷過愛情但正處單身，她們早早放棄了古典浪漫主義的深情，以自愛自立為本。她們的愛情在自我的意識裡昇華，她們雖然孤單但並不急著找個男人結束單身，她們知道自己需要什麼樣的男人和生活，她們不急不慢生活著，相信守得雲開就見月明。

然而，也許是隨著時代的發展，女人的能力越來越強了，整體能力不斷上升，然而男人們呢，還是原地踏步，難怪許多優秀的女人抱怨自己遇不上一個穩妥、開明、體貼的男人。隨著剩女一天天增多，守得雲開就見月明這樣的說法也就成了神話。

相信守得雲開就見月明是一種堅持，不再相信卻是一種平和的通融。人生本來就是不圓滿的，老逼著自己站得高高的，俯視著眾生，其實很辛苦。這樣的女人也幾乎就是文藝女青年的類型，愛讀書愛喝咖啡，穿衣只穿無印良品，看電影只看悶悶的文藝片，有一點自戀的小情結，自認為品味高人一等。整個人的生活好像被貼上了標籤，文藝書店裡安靜看書的是她們，音樂節裡活躍的是她們。為愛堅守的是她們，為愛憤怒的還是她們。文藝並沒有錯，但文藝青年也要學會長大。樹木年華二十歲的時候唱的是傷感迷離的校園民謠，等到他們三十歲的時候就不會再唱了。成長是一個過程，如果一個二十歲的女孩子學著黛玉潸然淚下「葬花」，別人不會說什麼。如果你長到了三十歲，還在表演這個，自己陶醉在那一番煽情當中，眾人肯定是要離你遠遠的了。面對男女問題也是一樣的，老是自恃清高，一味等待白馬王子貼近你的身邊，那也是不現實的。其實當你學會對這個世界微笑，放下你那尖刻犀利的思維，從容面對所有問題時，一切就會不同了。

婚姻不過是找個伴，共同走那一段未知的旅程，何必要逼迫自己一定要與眾不同。現代社會的女子，無論多麼獨立，都要需要一盒胭脂，需要一個愛你的人。

守得雲開是否能見月明

曾見過這樣一個女子，已經二十八歲了，相貌好，家世好，有留學背景，工作也好，就是遇不到愛情。曾經和一位有過工作關係的男子交往了一段時間，她的姿態總是很高，不肯放下自尊，不肯為男友做一點可愛的、討巧的事情，最終男友選擇了放棄。他說，她實在太優雅了，我和她在一起很累。女人聽了很崩潰，我優雅也是錯嗎。她解不開這個心結，就給一個電臺的情感節目主持人打電話詢問。主持人問她，你想要結婚嗎。她說想。主持人又說，你可以透過相親認識一些人。她馬上反駁道，不行，我實在接受不了相親，像我這樣的條件還要去相親嗎。主持人一下子生氣了，既然想要結婚又不肯為這個目標做出一些行動，老等著別人來娶你嗎，守得雲開真的就能見月明嗎。

其實大家都是凡人，都怕寂寞至死。為什麼非要做一個新潮的人，和自己的內心過不去呢？女人自愛自立當然好，但仍然需要一雙可以相握的手，一個可以依偎的肩膀，不要在死後只剩下一片漠然與安寂。守得雲開也許必能見月明，能擁有一個平和的心態才是人生的智慧，拋開那些清新的小擰巴，不要和自己過不去，敢於放下姿態才能活得幸福。

雞肋愛情的背後

女人的幸福總是與愛情有關，女人最大的心願就是遇上一個與自己惺惺相惜的男人。可是，愛情是一件千回百轉的事情。有的時候，在對的時間遇不上對的人，空等了一場；有的時候，遇上了對的人卻錯過了最佳的時間，白白錯失了一段真情；有的時候，你的付出和痴情成了卻成就了別人的寡情……這時，上帝放了一份雞肋般的愛情在你面前，你叫苦不迭，只覺得命運太捉弄人。如果在你十幾歲的時候，你一定是忍受不了這番羞辱，斷然將這份雞肋推翻在地，然後甩手而去。可是，你已經不再年輕了，因此你猶豫了，因為你知道，愛情太過難料，儘管擺在你眼前的食之無味，可是放棄了又覺得可惜。你不能斷定你還會不會遇到一份完美的愛情。

可是，當你想要留下這份雞肋的時候，你真的能獲得幸福了嗎。作家王海翎曾說：「對於一個女人來說，幸福的前提是找到一個對的男人，否則一切都無從談起。」漸漸，每個女子似乎都會明白，原來遇到一個對的男人有多麼的難，可往往到了這時，珍惜這個詞又讓人覺得是一個多麼拙劣的字眼。沒有一個對的男人，如何去珍惜他。沒有一份美妙的愛情，怎樣能真心去呵護愛情。當一份雞肋擺在你的面前，你既痛苦又無奈。他不是你想要的人，即使你想去好好愛他，好好呵護你們的愛情，可是你的這番苦心最終也只能釀成一份苦酒，自己在夜深人靜的時候拿出來獨享。

艾米麗二十八歲的時候，剛剛結束了一段糟糕之極的戀情。在自己的內心慢慢平和了之後，她的生活裡又出現了一個叫做安迪的男人。艾米麗不喜歡安迪這樣的男人，因為她覺得他們兩個根本不是同一世界的兩個人。艾米麗的性格儘管很安靜，但她的思想很前衛，她喜歡新鮮事物，樂於接觸不一樣的生活。而安迪則是一個喜歡規矩的人，儘管這樣的遵守規矩使他在他的事業上也得到了一些發展，但他總是給人一種墨守成規的感覺，難以讓人發掘他身上的優點。可是在外人看來，安迪真的是一個不錯的男人，溫文爾雅，待人親切，事業有成。可是，有著這麼多優點的男人就是不討艾米麗的喜歡。但是迫於家庭的壓力，以及為自己未來的婚姻著想，艾米麗決定先和安迪做朋友，慢慢了解對方，於是她開始和安迪約會了。

可是，安迪的反應卻讓艾米麗大吃一驚。在他們約會兩個星期之後，安迪想帶艾米麗去見他的父母。安迪還希望他們可以儘早結婚。艾米麗一下子就蒙了，她本能地拒絕了。可是安迪卻覺得這只是女孩子矜持的方式，於是他就特意買來了婚戒向艾米麗求婚。艾米麗的內心吃了一驚，她覺得這個男人實在是莫名其妙。艾米麗想要逃走了，可是她對於這個沉穩男人比較殷實的家庭背景誘惑住了。要知道，在這樣一個人人惶恐的

年代，遇上一個多金男是多麼不容易啊。親戚朋友也都勸她不要再猶豫了，趕緊結婚吧，錯過了這村就沒這店了。搞得好像艾米麗不嫁給他就嫁不出去了似的。於是，艾米麗準備先和安迪約會著，一旦遇上了自己心儀的男士，就趕快和他分手。如果以後再也遇不到的話，她就只能做安迪的新娘了。畢竟，她已經二十八歲了，她不想當剩女。

雞肋愛情不僅僅是一樁令人迷惑、無奈的事，有時更是使你要面對自己真實的心靈世界的難堪事。現實中，許多人正在進行著雞肋愛情：想放手，但因暫時沒有自己臆想中的另一半出現，所以還是和現在的他湊合著！維繫著雞肋般的愛情的人，對對方有感情，但不是真正投入了的那種感情，或許她只是為了安慰自己那顆寂寞、孤獨的心。維繫著雞肋般的愛情的人，有時候很不道德，知道自己的心最終不會交給對方，但是還霸著對方的心，也許只是為了給自己留後路，把對方當作後備人選。

其實，如果你遭遇了雞肋愛情，不妨果斷離開吧。因為你對愛情的態度已經失去了那顆平常心，你在這樣的愛情裡得不到快樂，你也很難真心付出。當然也有一些人很有能力，她懂得想辦法把這個雞肋重新調味，讓它變成一鍋美味的雞湯。當然在她努力去做雞湯的時候，她的內心一定是充滿了愛的。沒有了愛，她也不可能浪費精力去將雞肋重新調味。

如果你不小心做了別人的備胎，不要再猶豫了，給他留下一個優雅的背影，轉身離去吧。愛情裡容不下這樣的陰影。在愛情裡，也最能呈現人們那顆灰暗的內心。對於沒有愛情信仰的人，她（他）也不會得到真正的愛情。

失戀後，妳蛻變了嗎

二十歲的女孩天真爛漫，在享受甜蜜的愛情時，總想把它變成永恆。可是事情又往往沒有那麼順利，曾經深愛過自己的人也會離開自己，於是她傷心、絕望，感覺世界上的一切都失去了色彩。「失戀」是女人最不喜歡的字眼之一。不論人家讓她失戀還是她讓人家失戀，不論之前愛得多麼轟轟烈烈，一段戀愛關係的斷絕，在女人的心裡，總有說不出來的痛。

失戀總是不好受的。每段失敗的感情，都必然有著失敗的原因。接受失敗也是在感情路上排除了一種不幸福的可能，從而多了一份選擇到真愛的可能。而其中原因，如果你能直面自己的內心揪出其原因，則是間接為自己的幸福加分。

失戀後，你悲痛，你放不下，其實你無法放下只是習慣，跟愛無關；無法忘記不等於還有愛，那只是慣性，甚至是惰性，因為你害怕孤獨，害怕自由，獨立不起。於是，有人因失戀而迷茫，有人因失戀而墮落，有人因失戀而自虐，也有人因失戀而蛻變。

甯雪和男友相戀了兩年，他們的愛情是幸福的、甜蜜的，可是男友最終卻因為一個富家千金向他獻殷勤而選擇了和寧雪分手。分手的那天，是一個下雪的冬天，寧雪面對著男友離去的背影，在雪地裡痛哭起來。她恨這個虛偽的男人，恨這段原本美好的戀情變得那麼骯髒。他違背了他的承諾，他變成了一個薄情寡義的男人。

那一年，寧雪才二十歲。二十歲的她第一次嘗到了失戀的滋味，那個晚上她靜靜流淚到天明。在整個漫長的青春期，寧雪一邊療傷一邊成長，直到自己慢慢從傷痛中平復，從眷戀中走出。在以後的歲月裡，她學會了面對自己的內心，以一顆平靜的內心來面對生活中的悲歡離合。現在的她，不僅熱情浪漫，而且更加美麗了。

失戀是一種心境，剛開始的時候是悲痛的，之後便是寂靜和落寞。只有在這樣的落寞之後，你才能更加清晰看清自己的內心。你掙扎的欲望，和所有是負面情緒其實都是沒有意義的。失戀了，無非是不愛了，我們要學會積蓄自己的正面能量，好用心面對以後的人生。很多藝術家在失戀後反而激發出自己的創作才華：貝多芬（Ludwig van Beethoven）在失戀後創作了《獻給愛麗絲》；歌德（Johann Wolfgang von Goethe）在失戀後創作了《少年維特的煩惱》；羅曼．羅蘭（Romain Rollland）算是最大度的一位，失戀後與已作他人婦的心愛戀人做了三十年朋友，自己則終身未娶……。

然而很多女孩子因為失戀而迷失著自己。她痛恨他，所以她用傷害自己來報復他；為了忘記傷痛，她去找自己不愛的男孩子戀愛；她不願意再做乖乖女，她將自己打扮成小太妹的模樣……也許喜歡年輕，所以就要這樣去揮霍青春。將青春演繹得如此慘烈，總有一天會後悔的。真正的愛從來都是美好的，失戀了就放手吧，將精力糾纏在別人身上，只能無限制放任自己，放任自己去流淚、去哭泣，去傷感、去自虐，卻唯獨不為自己著想一下，浪費了這麼多的生命和時光，你輸得起嗎？一個成熟的女子很快就能從失戀的陰影中走出來，因為她知道她輸不起，所以她能夠果斷讓自己放下悲傷，畢竟人生還有很長的路要走。

當愛情走遠時，該放下就得放下。香港作家及情感治療師素黑說：「戀愛的意義，本來就是讓自己從過程中反映自己的真面目，看清楚自己的內外，放下自我，享受和另一個人水乳交融的喜樂，提升活著的品質，讓生命更有意思。別找藉口不肯放下！從自愛開始重整這段關係，從執著中看自己的盲點，從而成長，才算找到愛的大門。」

從失戀中得到成長，你就會對人生，對愛情多一份感悟。就像日本電影《只是愛著你》裡面的女主角，選擇了愛情就選擇了成長。因為受傷的愛情，她一個人來到紐約打拚，積極樂觀生活著，最終成了一個美麗優秀的女孩，還成功舉辦了自己的攝影展。她的蛻變，令人感動，令人欣喜。

失戀後，與其沉浸在昨日的傷痛裡，不如打起精神，瀟灑揮一揮過去，明天又是嶄新的一天。這個世界上既沒有相逢恨晚，也沒有相逢太早，世上有的，仍是愛。祝福那些失戀後美麗蛻變的女子。

不要害怕愛情空窗期

劉若英有首歌《當愛在靠近》的歌詞是這樣寫的：「真的想寂寞的時候有個伴，日子再忙也有人一起吃早餐。雖然這種想法明明就是太簡單，只想有人在一起不管明天在哪裡……」對於正處於空窗期的男女來說，歌裡唱的也許就是大家的心情吧。

一個女孩突然失戀了，除了內心痛苦傷神之外，她最不能忍受的就是接下來要面對的孤單生活了。曾經熱鬧的房間一下子變得寂靜，曾經有過的歡聲笑語也被落寞代替。年輕的女孩最怕一個人熬掉空窗期限，那種從有到無的那種狀態，會使人身心倍感空虛。

不要害怕愛情空窗期

燕燕是我的朋友，剛剛失戀，那一段時間她整夜失眠，一個月下來，整個人都瘦了一圈。回歸了一個人獨居的生活，她開始試著慢慢習慣。最怕走在大街上，看見別人成雙成對；下班回家，也沒人陪自己吃晚餐；想聽聽音樂，歌裡唱的又都是心酸是愛情……曾有一段時間，她說自己得了失語症，在公司裡不和人講話，回到家裡又沒人講話，一個人的時光總是最寂寥。空窗期的日子讓她快要發瘋了。

一個女人如何才能安然度過空窗期呢？這一點非常重要。很多女人不會獨自生活，熬不住孤獨，當身邊有那麼一點小誘惑伸向她時，她就會暈乎乎掉進去了，頻頻犯錯，最終走向了一條不歸路。燕燕和前男友的分手是因為前男友的花心所導致的。前男友和她好了幾年，最近卻和公司裡的一名女同事很曖昧。起初，前男友總是對燕燕遮遮掩掩的，後來終於還是被燕燕發現了。當燕燕質問前男友時，他也只好承認了，並發誓要改正。燕燕原諒了他，並且真心希望他和女同事斷了來往。但是往往事與願違，前男友不僅沒有悔改，反而是破罐子破摔了，一點也不顧及燕燕的感受，和女同事的關係也越來越親密了。當燕燕和他哭鬧時，他提出了分手。燕燕對這份愛情絕望了，只好和他分手了。

就在燕燕分手兩個月之後，前男友竟然又打來電話說想和她複合。燕燕一肚子的惱火，不去理睬他，可他竟然找上門來對燕燕哭訴。他說自己上了女同事的當，女同事是因為工作上的關係才和他好的。他覺得自己很對不起燕燕，心疼燕燕一個人無法照顧自己。燕燕本來應該拒絕他的，但是她正在為空窗期苦惱，竟然還是糊里糊塗接受了他。本來以為這次男友就應該好好珍惜他們之間的感情了，可是沒過多久，他的壞毛病就要犯了，甚至讓別的女人懷上了小孩。燕燕徹底崩潰了，她被這一連串的事情攪得再也無法安心工作了。

其實，遭遇感情災難的開端，無一不是不會控制孤獨。燕燕害怕孤獨，所以她接受了無恥的前男友。有的女人會愛上大叔，有的女人會愛上比自己小很多的弟弟，還有的女人會愛上有婦之夫……明明知道這樣的愛情很不可靠，可還是忍不住向前衝；明明知道這是條不歸路，可是還是無法說服自己冷靜。這種非常態的愛情並不是因為愛情太偉大，可以跨越很多東西，比如年齡、婚否、背叛、無恥等等，恰恰是因為這個女人學不會獨自生活，學不會忍受這種短暫的孤獨，寧可被一團無聊的嘈雜所包圍，也不肯自己靜下心來好好生活。她習慣了戀愛的氣氛，習慣了跟他撒嬌，跟他慪氣，習慣了每天接到他的電話，習慣了聽他說對不起，習慣了和他爭執、吵鬧，當有一天她拋下了這些習慣，她就變得無所適從。

一個女人如果不能心態平和接受空窗期，她就不會懂得如何思考，如何正視自己。當然這個時候她也最容易招惹到不該招惹的男人。愛情在一個良好的心態和氛圍中滋生，才可能是健康的、安全的，如果你任由它歪曲生長起來，長出的也只能是惡之花。

空窗期的女人，不妨靜下心來，為自己的過去做個總結，也為自己的未來做一個規劃。一個人的生活也並非那麼不堪入目，就將這段時期作為自己的能力儲備期吧，學會了獨自生活的本領，一生都用得著，因為誰也不可能永遠陪你一生一世。

拒絕做「剩女」

對於女人而言，遇上一個愛她的男人才是人生的幸福。缺少愛情的生命也許是個謬誤，一種艱辛勞累，一次流亡。如果說女人一生的愛情際遇，也像花有花期一樣，那麼你就需要在繁花燦爛的時候，及時認出屬於自己的夏天那最後一朵最好的玫瑰。然而愛情有時候就像天邊的彩虹一樣，看得到摸不著。有的女人錯過了愛情綻放的年紀，於是只好做了守候愛情的女人。

有人曾說過：愛情就像晚上在路口等計程車，明明有很多車經過，偏偏沒有一輛是空的，站著等了很久，終於決定換個路口等，哪知沒走幾步，剛才站著的地方馬上就有人打到了空車，於是不甘心回頭又等，可是空車再也沒來，結果就這樣被獨自留到了深夜。劉若英在歌裡也這樣唱到：「喜歡的人不出現，出現的不喜歡，有的愛猶豫不決，還在想他就離開。想過要將就一點，卻發現將就更難。」這就是「剩女」們的愛情的真實寫照。

結婚本來是一件很自然的事，可如今的社會環境卻把它催生出成了一個難題。女性越來越獨立，越來越強大，婚姻問題也越來越犀利。其實孤單的生活並沒有什麼不好，只是如果你不想一輩子孤單下去，如果你覺得自己沒有多麼強大的內心和氣場，那麼就要勇敢走出「剩女」這條路。

文藝女青年阿雅美貌而多才，至今仍是單身。她曾經是一個樂隊的主唱，寫過詩，出過文集，然而她卻為了等待一份青春期時的愛情不惜花費了許許多多的青春年華。

上大學時，阿雅愛上了一個吉他手，可是吉他手卻告訴她，他要搞他的音樂，沒有時間去戀愛。於是，為了討好愛人，對音樂很陌生的她也開始認真做起音樂來了。後來，阿雅成了一個樂隊的主唱，當她有演出時，帶著自己的樂隊去找那個人，但那個人不為所動，阿雅挺受打擊的。於是，阿雅為了她的愛情夢想追逐了十一年。而她愛的那個人早已結婚生子了。對此，阿雅真能感慨發出一生嘆息‥再不相愛就老了。

現在，阿雅終於感到這種浪漫、烏托邦式的求愛是沒有用的，以後學著世俗一點會好過一些。是啊，為了一份虛無縹緲的愛情，將自己等成了剩女。也許她自己一邊緬懷著自己的愛情，一邊悲壯著，可是現實並沒有因此而改變。

很多時候，變成剩女都是女孩子自己的問題。也許你很優秀、很漂亮，但是在愛情道路上卻走得很坎坷。年少的時候總是太瘋狂，愛過了也離開了，到了該結婚的時候卻遭遇到孤身一人的尷尬。然而為了表達自己是個現代的新女性，你一邊唱著「單身快樂」，一邊內心焦灼著。當孤單成為一種習慣，也許你真的就不想再去改變了。

拒絕做「剩女」，就要先從自己的心態做起。愛情是個可遇不可求的東西，但自己的態度要積極、向上。遇上家裡親戚朋友介紹的對象，也不要一心的排斥，不妨去試試看，萬一他就是你想要找的那個人呢。就像有句放之四海皆准的話：「條條道路通羅馬」，對於愛情的幸福也一樣，無論是你選擇哪種方式，能找到自己的幸福是真正的目的。

妮妮就是透過相親的方式遇到自己的真愛的。妮妮是個愛浪漫的女孩，她也從未想過自己會透過相親的方式也尋找自己的另一半。縱然單身的生活也很好，該哭就哭，該笑就笑，但是總免不了獨自一人時的落寞。把自己的心房關閉得太久了，還不如自己主動走出來，去迎接新的生活。於是，當家人再提出給妮妮介紹相親對象時，妮妮欣然同意了，她決定自己要積極去面對相親。當一個人的心態好了，事情也就順了，妮妮最終找到了自己的白馬王子，從此過上了幸福的生活。

總之，如果你不想一直單身下去，就要積極主動去尋找自己的愛情。做不做剩女，你說了算。當然也不並不是說為了結婚去尋找一個自己不喜歡的人。愛情既然關乎另一個他人，即便自己苦苦渴求也是徒勞，所以既要隨時做好迎接愛情到來的準備，又要享受單身的當下。

第四章　婚姻生活釋放女人味

婚姻是每個女人從小就夢想過的殿堂。因為好奇，因為渴望，因為憧憬，故在這種複雜的情緒的驅動下，女人走進了婚姻的殿堂。婚姻是一個美妙的天堂，是兩個相愛的人共同締造的新的人生起點。在婚姻裡，你是一個溫柔可愛的小女人，也是一位溫暖體貼的母親，你扮演者各種各樣的角色，你使你周身的女人味無限綻放。當你從一個女孩變成了一個妻子，一個母親，你就會發現生活裡充滿了瑣碎的憂愁和甜蜜的幸福，你的或喜或悲全在這裡。

從灰姑娘的夢中醒來

灰姑娘的夢是大多數女孩都愛做的夢。畢竟水晶鞋、王子、馬車、舞會這些東西，對於普通女孩都有著萬般的魔力，深深吸引著我們墜入其中。假如我遇上一位王子就好了，可是王子，你在哪裡啊。許多女孩都在心裡吶喊著自己的王子，期待王子騎著高頭大馬突然有一天出現在自己面前。但對於大多數等待王子的女孩來說，她們都等成了空……

有不少女孩雖然家境一般，長相一般，但資質很好，學業不錯，事業也不錯。因此面對自己的擇偶問題，自然也是百般挑剔，一定要找個不錯的白馬王子。心氣高的女孩往往有著一股無處安放的野心，行走在大城市裡，就要遠離市井遠離俗氣，就要遇上自己的白馬王子，就要打造一片屬於自己的天空。

灰姑娘的童話故事給了每個女孩做夢的權利，也阻礙了一些女孩通向幸福的道路。家鄉有位姑娘，長得好、脾氣好、讀書也好。到了適婚的年齡，左挑右挑，就是沒一個中意的，甚至還上演過一次逃婚的經歷。她自己也不著急，因為浪漫小說中的女主角都是心高氣傲，最後終於等到了自己的白馬王子。她也這樣等啊等，等了到三十歲，再也沒有媒人上門，最後她屈服了，嫁人了。可她嫁的人也不是什麼白馬王子，甚至都比不上她以前看不上眼的任何一位。徐靜蕾可以只談戀愛不結婚，周迅可以談八次戀愛無果，張曼玉可以高高在上不結婚，那是人家有資本。人家是一線明星你是嗎？人家在眾人眼裡還是高貴的女神，你會是嗎？作協主席鐵凝等到五十一歲才遇上自己的心上人，你能等嗎？

難道灰姑娘真的嫁給了王子，她就會幸福了嗎？兩人之間的巨大差異從此就沒有了嗎？遭到豪門婆家拋棄的灰姑娘還少嗎？

很多女孩子，特別是漂亮的女孩子，認為自己是灰姑娘，祈禱王子來「解救」自己。但是在現實中，灰姑娘與王子結合的機率基本不存在。

所以，如果你真的有尋找王子的夢想，就一定要在遇上王子之前，將自己變成公主，為自己鋪就了一條康莊大道，即使不依靠現在的老公，照樣可以生活得很好，超越很多人。試想一下，如果那些功成名就的女人，在沒有依靠自己的努力下，怎麼才會吸引那些成功人士的注意呢？說到底，女孩子還是要依靠自己奮鬥，不然即使嫁進了豪門也要受人家的約束。所以，這就是現實，女孩們趕快從灰姑娘的夢中醒來吧。

走進婚姻之前先認清自己

俗話說，愛情是美妙的，婚姻卻是複雜的。因為愛情是兩個愛人之間的事情，婚姻卻是兩個家庭之間的事情。選擇了一個什麼樣的男人，也就意味著你選擇了一種什麼樣的生活。當你選擇要嫁給他的時候，一定要認可自己今後的生活。

有人說過：「好婚姻沒有固定模式。但進入一段好的婚姻之前，一定要先了解自我。婚姻是一場化學反應，不是1+1的物理式的聯接。婚姻是一個燒杯，進入的兩個人其實是兩個活性分子，你是什麼分子，你需要和什麼分子在一起才會有良性的化合反應？如果沒有認清自己就去尋找另一種分子，那麼很有可能，你尋到的是一個好分子，但是這個好分子跟你之間沒有反應，甚至生成惡的反應。」

可是很多女孩子在挑選男人的過程中卻忽略了自己。大家都說有車有房的男人是好男人，於是大家的目光就鎖定在這些男人身上。但這樣的男人又實在太少，那就選擇經濟適用男吧……於是，大家就這樣選來選去，卻唯獨不關注自己。如果讓一個天性喜歡平淡、安穩生活的女孩，嫁給一個事業心很強的野心家，那麼她的生活必定是不幸的；同樣，讓一個心懷夢想的女孩嫁給一個老實巴交的男人，她一定是牢騷不斷的。這一切錯誤的組合，錯的都不是人，錯的是生活。正如俗話所說的那樣：「如果你是天鵝，你就要嫁給寧靜的湖水；如果你是海燕，你就要嫁給洶湧的大海；如果你是小花，就老老實實的嫁給花盆吧！」其實，你想嫁一個什麼樣的人，首先要知道自己是個什麼樣的人。

愛情是短暫的，生活卻是長久的。愛情給我們帶來的幸福感其實很有限，我們想要的不過是一種自己內心渴望的生活方式。在今天這個社會裡，物質條件在擇偶條件中排列的位置很高。可是物質條件的好壞真的能決定我們的幸福嗎，歷史上不就有過紅拂女這樣慧眼識英才的好女子嗎，她敢於拋下一切，跟隨一個當時一貧如洗，前途很渺茫的李靖，一起為明天而奮鬥。而最終，她得到了自己想要的生活。但是如果你只甘願做一名平凡而普通的女人，一邊做著一份不錯的工作，一邊相夫教子的話，你就一定要嫁一個也喜歡安穩生活的男人。都說燕雀安知鴻鵠之志，其實鴻鵠也未必能擁有燕雀的幸福。總之，冷暖自知，不管你是怎樣的人，但你一定要選一個能帶給你想要生活的男人。

三毛生性浪漫，喜歡流浪。為了追尋自己心中的那棵「橄欖樹」，她曾踏遍萬水千山。對於愛情，三毛是理智而現實的。她深知自己的脾性和想要的生活方式，而且不會為任何所動。在北非的一個島上，西班牙的一位出色的攝影師曾向三毛求婚。儘管三毛對他頗有好感，但考慮到攝影師這樣的職業會使他接觸到各種各樣的美麗模特兒，這令三毛非常擔憂。於是，三毛拒絕了攝影師的求婚，並坦誠告訴他：「如果我們結了婚，

我是不能忍受生活在時時失去你的恐懼當中的。我並不想要這樣的生活。」直到後來，她在西班牙再次遇到了愛戀她六年的荷西時，她終於決定嫁給他了。由於荷西工作的需求，三毛跟隨著荷西來到了撒哈拉大沙漠。大沙漠裡的生活對於普通的女子來說是恐怖的，但對於三毛這樣熱衷於探索各種生活形式的女子來說，撒哈拉大沙漠裡的生活實在是太有趣了。這種異國的生活情調和天涯海角的奇風異俗，也就成了三毛的作品《撒哈拉的故事》。這是她遊歷的記敘，也是她情感的記敘。三毛熱愛這樣的生活方式，所以她才義無反顧嫁給了荷西。

聰明的女人不會盲目只挑男人，她們會傾聽一下自己的心聲，畢竟自己才是最了解自己的人，合不合適只有自己才知道。當大家都在追逐多金男的時候，你不妨冷靜思考一下嫁給了他會有怎樣的生活，這是不是你想要的生活。

找一個和自己最默契的伴侶

默契是兩個愛人之間最美妙的感覺。這樣的感覺如此生動，就像你找到了世界上與自己最匹配的那個人。因為默契所以你們之間的生活就像流水一樣的歡暢，因為默契有時候無需語言，一個眼神就能讓他明白你的意思。你們可以有許多的共同點，志趣相同、情投意合，夫妻之間琴瑟和鳴。你們也可以有許多的不同，一個聰明一個嬌憨，一個幽默一個內向，剛好在性格上做了一個互補，你因他而美麗，他因你而多彩。

李清照和趙明誠就是一對琴瑟和鳴的夫妻。十八歲那年，李清照嫁給了太學生趙明誠。婚後，李清照與丈夫情投意合，如膠似漆，「夫婦擅朋友之勝」。李清照出身書香之第，又是位女詞人。而趙明誠是位翩翩公子，讀書極博，酷好書畫，尤其擅長金石鑒賞。兩人時常詩詞唱和，共同研究金石書畫，有著說不盡的喜悅。李清照在一首詞《減字木蘭花》中寫道：「賣花擔上，買得一枝春欲放。淚染輕勻，猶帶彤霞曉露痕。怕郎猜道，奴面不如花面好。雲鬢斜簪，徒要教郎比並看。」這嫵媚嬌憨的姿態就是李清照婚後的幸福，透出她內心的甜蜜。

兩人結婚時，趙明誠在太學讀書，還沒有俸祿。夫婦二人節衣縮食，經常典當質衣，到大相國寺搜羅金石書畫。一旦發現難得的古物卻囊中羞澀，趙明誠會毫不猶豫脫下衣服作抵押。回到家中，夫妻二人燈前對坐，說說笑笑，摩挲展覲，充滿浪漫與溫馨。閒暇之時，他們賞花賦詩，傾心而談，有時還會玩些智力遊戲。他們兩人之間的默契促成了一段美滿的姻緣。

默契是兩個人至高無上的精神交流。這種默契來源於對彼此的認可和肯定，來源於兩個人共同的目標和信仰。默契是一種無聲的語言，可以滋潤你們的感情，呵護你們的婚姻。默契是一種微妙的感覺，你給他一個眼神他給你一個笑臉，一種甜蜜就能夠在你們的內心環繞流轉。當然默契也並不是必須要在兩個性格、情趣各方面都相似的人身上發生。一對性格完全不同的愛人也可以營造出一種默契。

在金庸的小說《射雕英雄傳》裡，活潑可愛的黃蓉和忠厚仁義的郭靖是一對絕佳的伴侶。很多人不明白，聰明活潑的黃蓉，怎會愛上木頭一樣的郭靖？其實在性格上，郭靖的木訥和黃蓉的活潑是完美的互補。黃蓉聰明，點子多，甚至會做一些天馬行空，或匪夷所思的事，但她缺少的是一種持久的耐力。而郭靖小事糊塗，大事精明，凡認定一個目標，永不言棄。郭靖多的就是百折不撓、一往直前的剛毅和恆心。郭靖的執著恰好是聰明的黃蓉所沒有的一股內在力量。郭靖永遠佩服黃蓉的聰明，而黃蓉也永遠看重靖哥哥的沉著堅毅，這種完美的互補，永遠給對方一種強大的吸力，以至誰也離不開誰。郭靖沒了黃蓉，會光彩頓失，黃蓉沒了郭靖再聰明也是白搭。

其實，婚姻很簡單，遇到了對自己口味的愛人，就像找到了一個無話不談的朋友，一個與自己惺惺相惜的知己，一個最懂你心的戀人。在電影《非誠勿擾》中，舒淇扮演的那個女主角在相親的時候，就非常強調要找一個和自己氣味相投的人。和你氣味相投的人，一定就是和你最默契的那個人。

找一個和自己最默契的伴侶

幸福婚姻的基礎就是找對一個人。女孩子總喜歡找自己有感覺的那種人，成熟的女性喜歡找事業穩定家庭背景良好的男人。其實，這些都不重要，最重要的就是找一個和自己最默契的人。到底什麼樣的人會和你默契呢，于丹曾對婚姻的默契度給出了三條指標。

首先，你們的精神生活上要有默契。這就是說要有共同的價值觀和追求，對待事物的看法要基本一致。

其次，你們的社會生活要能夠融合在一起。戀愛是兩個人的事，但婚姻是兩個社會群體的事。最好的婚姻就是融合，認同彼此的圈子，愛彼此的親人，接納彼此的朋友。

第三，你們的性關係也需要和諧。男女之間的激情，取決於身體之間的融合程度。兩個人身體之間的默契度也很大程度上決定了家庭的幸福。

而且，于丹還說，這三個指標只要有一個低於六十分，就不能倉促走進婚姻。

有一首詩中這樣寫道：人與物，人與景，人與人之間的相逢不是偶然，而是來自心靈的詠嘆，那是一種無需語言的惺惺相惜，世界因此而美妙，你我因此而相逢。所以，聰明的女孩子，一定要找一個和自己最默契的男人為伴，這樣你才會獲得一份美滿的婚姻。

勇敢接受那個不完美的男人

很多女人都有一種浪漫主義的情懷，受瓊瑤小說或偶像劇的影響，她們會在內心勾勒出一個夢中情人的形象。那些高大英俊、溫柔體貼的男主角成了她們的夢中情人，並且發誓一定要找到這樣的男人。可是現實中的男人卻一個比一個不爭氣，要麼長得不夠帥，要麼不夠浪漫，要麼窮得叮噹響，要麼學識不夠豐富。儘管如此。有的女人還是堅持著，用她們的話說就是：感情的事怎能湊合。

有的女人對於婚姻太過挑剔，把自己淩空架在了一個高閣之上。就這樣，她們錯過了春錯過了夏，錯過了美麗的青春。其實，現實生活中哪有那麼完美的男人。要想擁有美滿的愛情，女人就必須拋開灰姑娘的夢想，放棄不切實際的期望，學會發現、欣賞對方的可愛之處。現實一點，你就會發現幸福並不遙遠。

安心是一個漂亮的女白領，優雅、懂事，事業也很好，但是卻年近三十，還沒有交男朋友。她的單身讓她的家人非常迷惑不解，卻又十分著急，彷彿天底下最大的事就是給她找男朋友了。於是老媽、老姨，每一個人都在為她物色對象，大有不把天下優秀男士搜刮殆盡就不甘休的架勢。

安心卻並不著急，但也樂意享受眼前走馬燈似的「花景」，只是她始終抱著賞花的態度，從未動過芳心。趙婷享受單身生活，沒事幹的時候，就喜歡一頭紮進廚房烹飪各種美食，再把自己打扮得整整齊齊來享用。老媽一如既往把甲乙丙丁帶到她那裡去蹭飯，實則當然是相親。那些男人中也不乏菁英分子——事業有成型、一表人才型、家境殷實型、風度翩翩型……他們吃完飯後都坐在沙發上侃侃而談，誇安心做的菜好吃，誇她長得漂亮。然而，趙婷卻一個也看不上。

有一天，安心的妹妹帶來一個蹭飯的男人。這個男人雖長得眉清目秀，但從他坐在沙發那頭的拘謹來看，此人比前面來的那些天南海北侃侃而談的人遜色不少。安心對他的不自然不加理會，仍舊熱情大力給他遞了筷子，盛了飯。妹妹在旁邊不停介紹男人的情況。原來他是一名軟體工程師，雖然收入不菲，但終究不是一個做事業的人。

吃完飯後，那個男人跟安心進了廚房。他說你做了飯，就該由我洗碗。說得那麼自然，沒有殷勤也沒有做作，趙婷說好吧。她為他系上圍裙時，嘴角浮起一抹笑意。和以前那些只會在沙發上看她忙碌，嘴卻不停誇她的男人相比，這個男人讓她感動許多。

自從那頓飯之後，安心決定和這個男人交往了。儘管他不高大也不英俊，儘管他不能帶給你大富大貴的生活，他也無法讓你享有很多人生的精彩，但他卻能給你一顆溫暖的心，和你一起享受噓寒問暖、眉目傳情的生活。後來，安心和這個男人結了婚，生活得很幸福——他們會一起上市場買菜，會花上半天的時間在超市散步，會為買一件日用品吵個不停，也會一起靠在沙發上看電視。這種帶著煙火味的生活，才是一個女人應該享有的。

東漢應劭所著《風俗通．兩袒》中有這樣一個故事：齊國有個人家有個女兒，是個遠近有名的美人。在她年滿十八歲的時候，有兩家人向她家求婚。東家的男人長得醜，但是有錢；而西家的男人長得好，但是貧窮。父母遲疑，不能決定，就問女兒：「你要哪一個？」女兒想了一會，回答說：「我想在東家吃飯，在西家睡覺。」

像這樣魚和熊掌都想要的事情，可能嗎？尤其是想要嫁入「豪門」的女人們，當以此為戒。俗話說：鞋合不合適，只有腳知道。婚姻中的「合適」，而不是「完美」，才是婚姻幸福的牢固基礎。

有的女人是聰明反被聰明誤。有一位二十八歲的女人，自從她的初戀失敗後，她對男人就用一種吹毛求疵的眼光來看待。她認為自己的感情和聰明才智遠遠超過她遇到的男人，無論多麼風趣、機智或體貼的男人，都被她拒絕了。因為這些男少身上多少都有一些不盡如人意的缺點。一個感性而又敏感的男人和她相處了一段，她覺得他脆弱、缺乏安全感而提出分手。另一個深深吸引她、使她覺得很開心的男人，在交往幾個月後，她以缺乏想像力的理由和他宣告分手。就這樣，她失去了一個又一個男人。

其實，很多女人愛情上的不如意，就是因為她們缺乏對自己的正確判斷，她們過於憑想像來要求男人，那樣的男人屬於稀世珍品，可遇而不可求。

結婚不是改變粗糙現實的捷徑

當一個女孩子自身條件優越，而且事業發展不錯的時候，她是不會急著想要嫁人的。因為她自己很清楚自己想要的是什麼，而且她更加明白，當自身的價值不斷提升時，她遇到的男人也會更加優秀。盲目徵婚的女孩子通常是那些對自己認識不是很清楚，對於未來比較迷茫的女孩。

再找不到工作，我也去征個婚把自己嫁了算了！

工作不好，薪資又低，不如趕快找個人結婚算了！

一個人奮鬥太難了，痛苦死了，這麼不順，不如結婚好了！

爸媽整天嘮叨，好朋友也結婚了，男朋友也還行，我也結婚得了！

幾乎每天我們都能聽到這些女孩子的抱怨，好像結婚就是她們的救命稻草，遇到煩心的事，遇到點小挫折，能解決的辦法好像只有一個，那就是——結婚去吧！

結婚真的能改變生活的本質嗎？結了婚你就能找到好的工作了，結了婚你就不用上班、加班了嗎，結了婚你就會變成公主了嗎，結了婚你的老公就會心甘情願為你奉獻一切了嗎？如果你真這麼想的話，那必定是要失望的。亦舒曾說過，把任何一種生活方式視作逃避的辦法，無論是讀書、結婚、移民……均會讓你失望的。因為生活的本質是不會變的。然而在就業壓力較大的今天，還是很多女孩願意選擇一畢業就結婚，「畢婚族」中許多女生都把結婚當出路，緩解即將面臨的就業壓力。

現在大學裡流傳著許多言論，比如「畢業就結婚，免得工作後太忙，無暇談婚論嫁」等等。

小薇最近總是接二連三聽到周圍同學結婚或者訂婚的消息。聽後，她總是一邊唏噓不已，一邊小心眼想著別人怎麼走了一條比她幸福快樂的捷徑。算起來，那兩個剛剛完婚的女同學的婚姻都是以閃婚的模式來完成的。認識半年不到，就很勇敢定下終身了。末了，大家發現，這些小新娘們都是一副決絕的表情，好像在說我豁出去了。當然她們嫁的不是大富翁，否則我們看到的就是一副甜蜜蜜的新娘表情了。當下的經濟不景氣，而且更慘的是也不知道什麼時候會好起來。於是很多女孩子也不指望自己當什麼社會菁英了，只要平凡穩妥就好，趁早嫁人就算了。人生有些必選項，婚姻、孩子、房子等等，那麼就一發來考卷，飛速填塗完畢，即使不那麼精彩也不至於滿盤皆輸。

張小嫻說過，失意的人，即使抓住了一段愛情，並不會從此就得意。用愛情來撫平人生的失意，到了最後，只會更失意。你不想承認也得承認，愛情是風花雪月的事，失意的人是玩不起的。那麼，愛情是什麼？愛情，在得意的時候，是錦上添花。

生活總是不易的，當我們遇到挫折，遇到苦難時，不妨告訴自己再堅持一下，也許只因為你堅持了那麼一下，生活從此就有了改觀，千萬不要再拿結婚當自己的避難所。無論男人還是女人，先學會生活，擁有了生活能力，你才有資格去戀愛，去結婚。你撐不起自己的這片天空，還想要幸福的生活，可笑不。

執子之手，與子偕老

《詩經》中有這樣一句話，「死生契闊，與子成說。執子之手，與子偕老。」這是一種古老而堅定的愛情承諾。這是一種並肩站立，共同凝望太陽的升起、太陽的落下的感覺；這是一種天變地變情不變的感覺，是見證歲月、見證感情的感覺。有首歌是這樣唱的：世界上最浪漫的事，就是和你一起慢慢變老。這樣的愛情之所以美麗，因為他們執著，因為他們有愛的信仰。一起經歷人生的風雲變幻，一起相互依偎著慢慢變老……

當一個女人走進婚姻的殿堂時，她對今後的生活充滿了無限的期待和憧憬。她嫁給了一個自己心愛的男人，她想和你一起白頭到老。可是，婚姻生活在充滿了幸福的同時，也面臨著許許多多的考驗。「執子之手，與子偕老」這句話其實還包含著一種珍惜的含義。也許他不是最好的那一個，你身邊還有許多比他更優秀的人，那又有什麼關係呢，你只是愛他，你願意和她終老一生。這是一種愛的信仰，這樣的信仰勝過山盟海誓的承諾，勝過一切浮華的美麗。它需要你用一生的時間去慢慢品味這份愛情，你們共同經歷了一生的歲月，還有比這更美麗的愛情嗎。

當大導演李安終於在國際影壇占據了自己的一席之地的時候，他只想感謝自己的妻子林惠嘉。因為沒有妻子對他堅定不移的愛的支持，他根本不可能成為今天的自己。

當年李安在紐約大學取得電影碩士學位後，就想留在美國開拓自己的電影事業。可是這對一個沒有任何背景的華人來說，想在美國電影界混出名堂來是非常不容易。由於李安一直拿不到合適的劇本，他就在美國開始了六年的蝸居生活。他每天把自己關在家中，看書、看碟、寫劇本，靠著做藥物研究員的妻子來掙錢養家。那段時間，李安非常的焦躁，他不願意看著妻子一個人辛苦，大部分留學生都為了現實而放棄了自己的興趣，於是李安就想出去找工作。但是，妻子覺得如果那樣的話，他就會像閩南歌《燒肉粽》的歌詞裡唱的那樣：「自卑自嘆歹人命，父母本來真疼惜，讓我讀過幾年書，畢業之後頭無路，暫時來買燒肉粽……」自怨自艾，就這樣不知不覺賣了一輩子的燒肉粽。在妻子的堅決反對下，李安只好打消了出去找工作的念頭。

面對丈夫的失業，林惠嘉也曾有過傷心絕望的時候。她想難道自己就要和這樣的人過一輩子嗎。親人朋友也都勸她離婚，在一番思考之後，她就不斷譴責自己，夫妻本應該互相支持的，她怎麼可能離他而去。於是，林惠嘉就給了李安足夠的時間和空間，讓他去沉澱、去成長。她認為一個人要清楚自己的方向，一旦做出了決定就要為自己的決定負責，李安清楚自己只喜歡電影也只會拍電影，他就應當為自己的決定負責到底。當年她決定嫁給李安時，她清楚電影是李安唯一的選擇與愛，所以無論好的壞的她都必須接受。當李安獲得奧斯卡之後，林惠嘉也只是一臉淡然。她並不是等著丈夫獲得榮耀之後來報答自己，她在他最困難的時候對他不離不棄，她只是深愛著他而已。

執子之手，與子偕老。這句看似簡單的話語，卻帶給我們一種深深的感動。婚姻不僅僅是愛情的延續，兩個人的結合，更重要的是在以後的人生裡的共同擔當。我們愛一個人，可以愛他的聰明，愛他的才華，愛他的能力，當他以成功者的姿態出現時，他是光芒四射的。但是他也會遇到命運的打擊，很多很多的災難，這個時候你是選擇和他站在一起，還是離開他，去尋找別人了。有的時候，婚姻遇到不幸，愛情變得殘忍而勢力，那是因為你們的愛沒有信仰，你們沒有一起承擔苦難的勇氣，也就體會不到愛的真正意義。

當你快樂的時候，有人陪你一起分享；當你失意的時候，有人會聽你訴說，給你鼓勵；當不幸降臨的時候，有人和你一起抗，這就是婚姻的博大和力量。婚姻是兩個人共同撐起的一片藍天。兩個人就像兩棵獨立的大樹，共同依靠，共同撐起一片天空，枝葉在藍天下盛放，樹根在地底下相互扶持。無論經歷了多少風吹雨打，你們依然相互依偎，因為你們的根永遠都在一起。這樣的愛情和婚姻，每一刻都是美好，每一刻都是一首動人的情詩，每一刻都值得用一生的時光去回味，每一刻都會銘記在心。

因為愛，我願意和你永遠站在一起；因為愛，就讓我們一起慢慢變老吧。

結婚後繼續浪漫吧

有人說，婚姻是愛情的墳墓。無論婚前經歷過多麼轟轟烈烈的愛情，結婚後這種激情都要被世俗的柴米油鹽所熄滅。戀愛的時候，你覺得浪漫，那是因為你自己從眼角到眉梢都充滿著浪漫。結婚後，當生活一切趨於平淡，你是否還有一顆浪漫的心來讓你的婚姻時刻保鮮。浪漫，其實很簡單，它不僅調劑了你們的生活，也促進了你們的感情。

一個懂得浪漫的女人，一定是一個懂得生活的女人。即使要每天面對各種各樣的瑣事，無法去擺脫現實的束縛，但她卻能夠選擇用浪漫也包裹自己的生活。浪漫是在灑滿月光的晚上和愛人一起賞月，浪漫是輕輕的一聲問候，浪漫是在你失落時送到你手心的一本熱茶……這樣的浪漫雖然簡單，微小，但它卻在不經意間點綴了你的生活。如果你不想使你結婚後的生活變成一灘波瀾不驚的死水，那麼在結婚後就繼續浪漫吧。

臺灣作家三毛與荷西的故事浪漫而纏綿悱惻，儘管兩人都已逝去，但他們仍是無數

結婚後繼續浪漫吧

少男少女心目中的愛情偶像。為了愛情，三毛隨著丈夫荷西來到撒哈拉沙漠裡生活。一般人很難想像出在那麼惡劣的環境下，有什麼生活情趣可言。可是富有生活情調的三毛卻可以讓他們的婚姻生活在沙漠裡也能綻放出浪漫的花朵。

三毛與荷西並沒有過一波三折的愛情，只有平平淡淡的婚姻和生活，三毛卻能從中發掘出許多浪漫。儘管撒哈拉沙漠「除了無邊的黃沙外幾乎一無所有」，可三毛絕不是向生活低頭的人，她和荷西「白手起家」，把自己的房間布置成「沙漠中的天堂」。他們的那個「家」，就像是一座沙地的城堡，一個藝術的殿堂，無不令人欷歎讚嘆。她可以拿棺材板做傢俱，漆上漂亮的油漆，就是一件精美的藝術品；她把破舊的輪胎做成一個臥椅；自己動手做窗簾，收集各式各樣的藝術品。她對生活充滿熱情，她讓自己過得充實而幸福……

浪漫是一種純真的心態，也是一種生活的熱忱。浪漫就像古代仕女的花手絹，製作的時候是一種興趣，而使用的時候則是一種情趣。結婚後的浪漫不需要是突如其來的鮮花，餐桌上的蠟燭，包裝精美的禮物，它更多的是和自己的愛人分享一種愉悅的心情。

小雨是一個很普通的女孩子，既不美麗也不富有，但她的眼底眉梢總是洋溢著一種幸福。一次，朋友去她家做客，一進門就看到客廳的牆上掛著一塊書寫板，上面寫著：「寶貝，生活因為有了你才如此的美好。」小雨對朋友一笑，說：「我老公呀，總是喜歡這麼亂寫。」朋友的眼睛又環繞了一下整個屋子，發現屋子裡布置得溫馨而浪漫。沙發上擺放上許多可愛的洋娃娃，小雨告訴朋友那都是她自己親手做的。霎時間，朋友明白了小雨為什麼每天都沉浸在幸福裡了。一個如此懂得浪漫和甜蜜的女子怎能不幸福呢。

其實，浪漫就在生活裡的點點滴滴，生活裡因為有了這些小小的浪漫而變得如此生動。浪漫是每個晚飯後你們依偎在沙發上看電視；是老公加班回到家，桌子上準備的一桌菜；是他生氣時，你為他留下的逗他開心的小紙條；是在一個陽光嫵媚的午後，兩個人手牽著手去公園散步；是坐在咖啡廳，各自看著自己喜歡的書，然後，時不時抬起頭，四目相接，彼此微笑；是在一段平淡生活之後進行的一次精彩的旅行；是兩個人靜靜待在屬於彼此的空間裡，不發一語，靜靜享受默契。因為浪漫，你們的生活變得更加輕鬆愜意；因為浪漫，你們的感情也越來越親密。誰說婚姻是愛情的墳墓，一個懂得浪漫的女人，可以將婚姻變成愛情的延續。

聰明的女人懂得浪漫的真諦，懂得在平凡的生活中去追尋浪漫。一個溫柔的眼神，一次簡單的牽手，一聲輕鬆隨意的讚美，都會成為一種浪漫。所以浪漫沒有大小之分，其實都是一種同樣美妙的感覺。所以，女人一定要學會用浪漫來調劑自己的生活，那麼婚姻便不會隨著歲月的侵蝕而褪色。

因此，女人在結婚後繼續浪漫吧。

妻子要維護丈夫的形象

生活是一門藝術，家庭生活是夫妻兩個人之間的藝術，要想過得美滿，就需要雙方精心呵護，採取藝術的方式去經營，作為妻子，其中很重要的一門藝術就是經營丈夫的面子。男人，其實比女人更愛要面子。或許他們可以在家中呈現懶散、邋遢的狀態，可以在人後如大男孩般的跟老婆撒嬌，但在人前，在交際場合，他們希望給人的印象是最沉穩，最值得信賴的！男人的自尊心極強，不管他們在事業上成功與否，他們總是希望自己是家庭中的中流砥柱，是家庭中最強的支撐者。他們總是希望自己的老婆、孩子因為他們而引以為豪。

世人對每一個男人的印象，往往來自於他的妻子對他的態度。聰明的女人，往往會去迎合老公這種「死要面子」的心態，她們會巧妙去誇獎他，顯現「我老公最厲害」的表情。在外任何場合，恰當的時候，保全下丈夫的面子，是和諧家庭的必要措施！不管你在家裡把老公當電飯煲還是當吸塵器，一旦涉及他的面子時，一定要小心謹慎，就像手捧一件古老、珍貴的瓷器。給他足夠的面子，你才能獲得「高額回報」。

姍姍和丈夫結婚十年，依然恩恩愛愛。她的祕訣是：給老公最大的面子。

當他們夫妻兩個在家時，姍姍就是個公主，平時已經養成了指示丈夫的習慣，她說一不二，丈夫百依百順，堪稱模範丈夫。可是，一旦家裡來了客人，姍姍就像變了個人似的，十分自覺把自己放在服務的地位上。她主動給客人端茶倒水，丈夫說什麼，她決無二話，馬上照辦。兩個人的關係顯得非常和諧，常常給人留下美好的印象。她如此給丈夫面子，維護丈夫的形象，這一點使丈夫十分感激，背後常誇姍姍有分寸，而且對姍姍更加關心和敬重。

有一次，因為一件工作上的事情，姍姍和丈夫吵得很厲害，各有各的理由，誰也不肯讓步。正在僵持中，門鈴突然響了，是丈夫的一個朋友來做客了。姍姍儘量說服自己，讓自己平和下來。她努力露出笑容，然後把門打開，熱情歡迎對方進來。之後，她又忙著端茶倒水，並主動和丈夫說話，盡所其能調動氣氛。這位朋友始終不知道在他進門之前他們剛剛爭吵過。送走了那位朋友之後，老公抱住姍姍說：「謝謝你，老婆！」那個晚上的危機就這樣悄然化解了。

妻子給丈夫一點面子，這樣做不論對於丈夫的交際形象和他們的工作，還是對於家庭的和睦，都是有益的。姍姍的做法既起到了維護丈夫威信的作用，自己也不會失身分，表現了夫妻之間的親密感情，有助於贏得丈夫的好感，如此兩全其美的事，何樂而不為呢？

妻子要維護丈夫的形象

聰明的女人在別人聊天的時候，喜歡心懷愛意讚美自己的丈夫，而有的女人卻不懂這些，專以說自己丈夫的不是為樂趣，常常不厭其煩把自己對丈夫的不滿如數家珍抖出來。

小齊和小於是一對年輕夫妻，小齊經常需要加班回來得晚，小於在心裡很是不滿。她不僅不對丈夫的辛苦表示關心，還經常諷刺小齊天天忙到那麼晚還賺不了大錢。在一次同學聚會上，小於看到有些女同學因為嫁了一個有錢的老公打扮得楚楚動人的樣子，心裡就特別不舒服。於是，她就當著那麼多同學的面來對小齊冷嘲熱諷：「我們家的小齊啊，天天忙，從早忙到晚，可是一個像樣的首飾也給我買不起。」小齊的臉當時就紅了，一轉身就走了。小齊把自己對丈夫的不滿說給眾人來聽，結果，她的丈夫在眾人眼裡也留下了「窩囊廢」的形象。在婚姻的經營上，小於的智商實在是很低。

如果是夫妻兩人單獨在一起，批評批評倒還無妨，但如果有別人在場，這樣做的效果可想而知。這種妻子不為丈夫著想，不考慮丈夫的處境，這種做法，不僅影響兩人之間的感情，嚴重的甚至會貽誤丈夫的事業和前途。

維護丈夫的形象，也是維護自己的形象。夫妻是一體的，他的成功也是你的成功，他的失敗也是你的失敗。當今社會，誰都知道形象包裝對於成功是非常重要的，因而妻子絕不能忽視丈夫的形象包裝。保全男人的面子就是保全女人自己的面子，也是夫妻恩愛的一種方法。

做老婆，不做黃臉婆

很多女人在結婚前都是個美少女，不僅打扮得風姿動人，而且穿著打扮極有品味。可是，一旦結了婚，就放鬆了對自己的要求，平日裡總是忙著照顧老公孩子，就疏於打理自己，變得邋裡邋遢，不再有動人的風姿，失去了往日的魅力，成了所謂的「黃臉婆」。

在婚姻裡，男人對女人的要求是做一個賢妻良母，於是女人為了家庭不斷付出，甚至連自己都顧不上自己了，不去工作，和社會脫軌，整天把心思放在老公孩子身上，而把自己搞得跟黃臉婆一樣。當一個女人成為「黃臉婆」的時候，她的婚姻就最容易出現問題。她不僅在婚姻裡喪失了自我，也讓自己的婚姻出現了裂痕。不要總是抱怨男人是「外貌協會」的會員，其實誰都喜歡打扮得乾乾淨淨，漂漂亮亮的。一個連自己的形象都不關注的女人，怎能得到別人的尊重和愛護。當你拿起鏡子，看看鏡子裡那個神色憔悴的自己，你還認識你自己嗎，你會感到心痛嗎？

幾年前，凱麗結婚了。為了相夫教子，她辭掉了令人羨慕的白領工作。起初，她對這樣的生活感到很滿意，每天不用那麼辛苦去上班，只用打理好自己的小家庭就好了。可是，她的生活圈子也越來越小了，再也沒有和朋友出去聚會過，沒有工作也就沒有同事之間的來往，每天都圍著她生命裡最重要的兩個人轉。因為她覺得丈夫在外面工作辛苦，就儘量把他照顧得無微不至，家裡的家務活從來不讓他沾手。人人都說凱麗是個賢慧的好媳婦，凱麗為此感到十分的滿足。她喜歡看韓國的電視劇，看到裡面那些優雅的主婦，她就非常的羨慕。她總是不明白，為什麼自己就優雅不起來呢。

可是，漸漸，她發現丈夫變了，回家的時間越來越晚，和朋友出去聚會也不會帶上她。她開始感受到他的冷淡與麻木。雖然他沒有外遇，但凱麗以女性特有的直覺告訴自己，他們之間已經有了一條說不清道不明的鴻溝，隔離了曾經深厚的感情。為此，凱麗很是苦惱，於是邀請一位朋友到家裡做客，陪她聊聊天。當朋友看到她時，也吃了一驚，她原本細嫩紅潤的臉蛋，如今布滿了滄桑，曾經的白領已經變成了一個十足的黃臉婆，不僅不用化妝品也不去美容院，著裝更是沒有品味。朋友終於知道她為何而苦惱了，就嚴肅提醒她，這樣下去不僅會迷失了自己，總有一天會吃虧的。

朋友走了，凱麗反思了許久，自從她沒有工作以後，無論做什麼都得聽丈夫的。自己的視野只有家庭，這樣的生活只會讓她越來越迷失自我。於是，凱麗決定改變自己，重新做回原來的自己，把生活的重心放在自己身上。

不管你是個怎樣的女人，都千萬不要做黃臉婆，都要好好愛惜自己。一個人要想獲得別人的疼愛，首先應該自愛。只有自己愛惜自己、尊重自己，才能令他人欣賞自己、疼愛自己。女人最容易犯的錯誤就是，喜歡犧牲自己，以為只有這樣男人才會感動，才會更愛她。其實，這樣的愛失去了平衡，天長日久下去，再穩固的情感根基也會受到動搖。

結婚生子是一個女人走向成熟，走向完美的過程，但絕不能沉淪於這個過程而完全蛻變為家庭主婦。女人不要讓婚姻綁住了自己的所有，女人要學會愛自己，釋放自己的美麗。只有這樣，你才不會心甘情願做一個黃臉婆，才不會在婚姻中迷失了自己。

女人，你一定要記住：男人需要的是一個溫柔體貼的老婆，但絕不是一個僕人似的黃臉婆。歲月很無情，會帶走很多東西，比如說激情，比如說青春，比如說如雪的肌膚，比如說如花的容顏，但一定不要讓歲月蒼老了你的心境。女人味，越是有了年華的過濾，越是會顯示出來。保養自己的容顏和身體，就是保養了婚姻的鮮度。一個懂得珍愛自己的女人，才能在婚姻裡保持一份獨立，一份優雅。

婚姻，不是女人的全部。一個女人不僅要做一個賢妻良母，更要找到自己的價值。一個聰明的女人會懂得婚姻的真諦：做老婆，不做黃臉婆。

在婚姻裡，只做小女人

如今的女人，一個比一個聰明，一個比一個獨立，精明能幹的「大女人」越來越多。這樣的女人在婚姻生活中也占盡強勢，她們不肯做小鳥依人狀，她們獨立、自信，堅持對等、獨立，絕不成為男人的附庸。其實，這樣的女人是有些過於強調女性獨立了，女人本來就是柔軟的，無論你在外面多麼強勢，多麼出色，在婚姻裡不妨做個溫柔乖巧的小女人吧。

其實，女性獨立的宣言並不是強調讓女人要像男人一樣的強勢。女人要獨立，但又不能失了女人味。姻。

有一次，伊莉莎白女王與她的丈夫發生了一點矛盾。親王走進了房間並將房門反鎖，閉門不出。女王怒氣衝衝去敲門，並大聲說：「請給英國女王開門！」可是親王久久沒有給她開門，房間裡也沒有一點聲音。過了一會兒，再一次敲門。親王問：「你是誰？」女王回答：「親愛的，我是您的妻子。」結果親王立刻走過來將門打開，夫妻之間的不愉快頃刻之間消失得無影無蹤。無獨有偶，素有「鐵娘子」之稱的前英國首相柴契爾夫人（The Rt Hon. The Baroness Thatcher）儘管在政壇上雷厲風行，但是回到家裡也是一個會為丈夫做早餐的「小女人」。

伊莉莎白女王正是體會到了在自己的丈夫面前還是應該做一個「小女人」，才將與丈夫之間的矛盾消除於無形的。高高在上的女王都可以做「小女人」，何況俗世中你我這樣的平凡女子呢？所以，要想成為一個懂得經營婚姻、懂得贏得老公心的女人，是需要有一點心計的。當你脫去職場上的外衣回歸到家庭的時候，不要再擺出一副高姿態，而是要學會依偎在老公的身邊，做一個溫柔體貼的「小女人」，那樣不僅沒有人會笑話你，而且還可以讓老公感受一下被依靠的幸福，讓他大男人的心理得到最大的滿足，而你也可以更輕鬆一些，更愜意一些，何樂而不為呢？

這個社會終究還是男人的社會，女人的社會地位再高，也沒辦法贏得整片天空。而且每個女人骨子裡都有「小女人」的情懷，即使是再強的「大女人」也不例外。另外，女人天生心思細密、敏感，即使作風強悍的「大女人」有時候也不能改變柔弱的承受能力。所以說，無論從心理上還是生理上，女人天生都是需要被保護的。所以，你又有什麼理由不去做一個被男人保護的「小女人」呢？學會以大女人的姿態，享受小女人的幸福！

「萬人迷」陳好在學生時代沒有一個男生追求，直到大學畢業，才有男生道出各中原由：「你太強了，我們哪敢追你？」陳好猛然醒悟：「我以前特別自立，慢慢才發現女人太能幹會慣壞男人的。所以我建議天下女人只要內心有自立意識就好，外表千萬不要太強，因為男人需要駕馭感，喜歡小鳥依人的女人！」

女性應該保持自己特有的天性，在丈夫面前做個小女人，讓他保護你，而不是用你的士氣壓倒他。做「小女人」並不是要表示你沒有能力，相反卻能夠體現你是一個真正充滿睿智的女人。做一個小女人，不是要妻子卑躬屈膝，在丈夫面前唯唯諾諾，像個奴隸一樣言聽計從。而是指妻子應具有較為細膩的感情，體貼細心、文靜嫵媚，而不是柔弱，不是依附於人。

在婚姻裡學會示弱，這是一個女人獲得婚姻幸福的祕訣。示弱，這是一種親密的表達，是一種示弱的表達方式，能夠激起對方的疼愛，還可以輕易化解生活中的矛盾。

做一個小女人，會讓老公有被需要和被在乎的感覺。通常情況下，男人都喜歡一回到家就看到一個乖得像貓一樣的女人，這樣一個小鳥依人的小女人，男人是捨不得罵一句也不忍心違她的意的。小女人最懂得欣賞和誇獎老公的能力，也可以造就出一個自信而成功的男人，老公也會為他更加賣力。小女人不僅會讓老公開心，也讓自己感受到無比幸福。在公眾場合對老公表現得溫柔賢慧，百依百順，不僅給足了老公面子，也引來眾多羨慕和嫉妒。

因此，為了抓住老公的心，為了讓你的婚姻更甜蜜、更幸福，不妨做一個可愛的「小女人」，用你的溫柔、婉約與貼心讓他對你死心塌地吧！

冷靜對待男人的外遇

婚姻是座圍城，裡面的人想出來，外面的人想進去。婚姻裡的男女更像守城的衛兵，守住城裡想出來的人，守住城外想進來的人。在這樣一個閃婚閃離的年代，想維持一份婚姻，似乎比經營一份事業都難。有人說，男人都像張愛玲小說裡的振保既想要紅玫瑰，又想要白玫瑰。擁有了溫柔的妻，又想要熱烈的情婦。但男人有了外遇，你該如何去面對呢。

希拉蕊（Hillary Clinton）與柯林頓（Bill Clinton）的婚姻曾被無數人稱為「天作之合」，然而他們的感情生活卻經歷了數次的跌宕起伏。當萊溫斯基事件將他們的婚姻推向破裂邊緣時，希拉蕊用一個冷靜的頭腦，巧妙挽回了自己的婚姻。

丈夫外遇，這是任何一個女人都不願意看到的，更何況是總統夫人。希拉蕊也曾為此痛苦不已，她無法想像，那個自己最親密的愛人，與她共患難的人，竟然傷害了她。柯林頓對此事不停對希拉蕊解釋、道歉，但希拉蕊都覺得自己無法容忍，無法原諒他了。但本著對家庭負責人的態度，柯林頓和希拉蕊決定去透過心理諮詢所，來挽救他們的婚姻。

希拉蕊慢慢冷靜下來，因為當時柯林頓正處於政治的危難期，如果此時希拉蕊對他不管不問，離他而去的話，希拉蕊覺得自己做不到。於是她情願掩藏著自己的苦澀，勇敢面對著眾人的議論，和柯林頓站在一起。當他們透過婚姻諮詢後，兩人的態度都趨於一致，他們還是決定「用愛情、信任和共同度過的時光來重建家庭」。

希拉蕊在自傳《活出歷史》說：「事情發生後，很多人都曾反覆問我：『你為什麼還要和他在一起？』我只能回答是我們之間的愛，幾十年的相愛、共同經歷的歲月、共同撫養女兒和贍養父母，擁有共同的好朋友、共同的信仰，對我們的國家共同的義務……」

很多時候，女人在面臨這一問題時，都無法保持冷靜，一味心急和悲觀，對未來失去信心，而把原本可以繼續的婚姻逼進了死胡同。當婚姻出現問題時，一定要保持頭腦的冷靜，從中找出問題的癥結，然後再去解決問題，只有這樣才能使未來的婚姻之路更加和諧。

男人一旦有了外遇，你們的婚姻就出現了裂痕。也許你可以很瀟灑離開，給對方一個決絕的身影。你很驕傲，所以不容許婚姻裡有任何陰影。可是，這真的是你內心想要的結果嗎。你還愛著他，你還不想離婚，可是你想要你的尊嚴，於是你離開了，你沒有給自己的婚姻任何補救和糾正的機會。你除了失去一段苦心經營起來的婚姻，你什麼也沒有得到，只留下了一顆受盡了折磨的內心。

如果你們的婚姻一開始就建立在不穩定的基礎上，那麼無論你們的婚姻裡出現了什麼樣的狀況，都很可能導致婚姻的結束。如果你們的感情很穩定，有共同的信仰來去建立和維持一個家庭的話，一旦婚姻出現了問題，還想繼續維持自己的婚姻的話，就要用一個冷靜的頭腦來處理問題。作為一名知識女性，你離開了他也可以很好生活，但你唯一需要考慮和捍衛的是你自己對他的感覺。外遇並不是洪水猛獸，可以把你一下子擊暈。與其自己傷心難過，不如和丈夫進行一次好好的溝通。也許雨過就會天晴，也許經歷了挫折你們彼此會更加珍惜。一個家庭要想向一個良好的方向發展，必須要兩個人共同去努力去維護。

婚姻因經營而美麗

錢鍾書老先生在小說《圍城》裡有一句對婚姻的解釋：婚姻是圍城，在外面的人想進去，進去的人想出來。可是，婚姻真的不是圍城。婚姻生活其實就是將一個人的精彩變成了兩個人的世界。婚姻可能不是你夢想中的伊甸園，因為它充滿了繁雜的瑣事、沉重的家務，一系列沒完沒了但又不可回避的現實問題。但在婚姻裡，你是幸福的，開心的，快樂的，因為他會因你的笑而笑，為你的痛而痛，他是世界上最愛你最懂你的，最願意為你付出一切的男人，任何一種男女之情都不能同夫妻之間的真情相比。

怎樣才能不使婚姻成為「愛情的墳墓」，僅有愛情是不夠的，婚姻還需要用心去「經營」。結了婚並不意味著萬事大吉，這個世界上沒有一勞永逸的事情。婚姻是一個偉大而又艱巨的工程，需要我們用心去經營。否則，它很容易偏離航道，最終觸礁。為了給愛情保鮮，同樣需要我們用心去對待彼此。一句生日的祝語，一次精心安排的旅行，甚至一次故意製造的麻煩，都會使愛情升溫。

在婚姻裡，要知道彼此要的是什麼。雙方共同朝著這個共同的目標努力。在瑣碎的生活中，再親密的愛人也會有產生分歧的時候，不能任由自己的性格傷害彼此的感情。要知道，結婚不是愛情的終點站，它只是一個里程碑，它需要長久經營。聰明的女人知道，愛情之花是需要時刻澆灌的，否則就容易枯萎、凋零。

芳芳結婚後，總是感覺不如意，抱怨家庭生活單調乏味。每天繁瑣的家務事讓她焦頭爛額，只有擺弄花的時候，她才能找到一點久違的浪漫。

一天，她向女友傾訴了生活中的空虛和寂寞。女友望著她養的花問：「這些花開得如此鮮豔，如此茂盛，你是怎麼照料的？」她說：「我除了按時澆水施肥，每年還給它們剪枝、鬆土、換盆。天氣好時，搬到屋外面，讓它們吸收陽光；碰上颳風、下雨，我就把它搬回屋內。」

女友打斷了她的話又問：「那麼，你為你的婚姻都做了些什麼呢？」她頓時語塞，女友的話使她頗感震驚。從那以後，聰慧的她開始像養護花草那樣滋養自己的婚姻。她買了一大摞丈夫喜歡閱讀的雜誌，還經常找時間與丈夫溝通。丈夫也好像變了樣，一有空就幫她洗衣服、刷碗、打掃屋子，週三常常陪她出去散步、游泳、打網球等。慢慢，婚姻變得更加有味道，他們開始有滋有味享受甜蜜的愛情以及家庭的溫馨，兩個人的笑容越來越燦爛，臉上洋溢著無法掩飾的幸福。

的確，要想經營好我們的婚姻，我們需要付出相當的努力。而且，與其改造別人，不如首先改造自己。

作家洪燭曾經在一篇文章裡寫道：愛情跟塑膠、皮革、絲綢一樣，也會老化。老化的愛情，強度與韌度大大削弱，變冷變硬，稍不留神就會開裂。……愛情的呵護與保養，需要一點點理智，一點點技巧。只有掌握了波浪的規律，才能駕船航行。

總之，一個聰明的女人應該懂得如何經營自己的婚姻，敢於正視婚姻中的問題，並積極解決，不輕言放棄，那麼，她的付出一定是有收穫的。樂園也需要經營，需要愛心，需要添加美好的東西進來，那就是付出。想要花開，就要細心呵護種子，「一沙一世界，一花一天堂」，婚姻生活中瑣碎的點點滴滴，只要用心就能找到幸福。

在婚姻中不要忘記成長

一般女人有一種慣性，結婚之後就將自己淹沒在家庭裡了。她習慣於被男人照顧著，習慣於聽從男人的看法和意見，慢慢她自己身上的亮點也一點一點被磨滅掉了。她們拒絕成長，做什麼事情就試圖尋找依靠和幫助。這樣的女人一定不會越活越精彩，她在婚姻生活裡會慢慢枯萎掉的。

婚姻只不過是讓一個女人由獨自生活進入到了一個兩人組成的家庭裡。在這個家庭裡，兩個人相互依偎，相互成長。雖然說男人有義務和責任來呵護和關愛自己的妻子，但也不能誇大這種作用。婚姻只是改變了你生活的形式，但並沒有改變生活的本質。一個關愛自己的女人，一個尊重自我生活的女人，絕不會在婚姻中停滯不前，她會慢慢成長，直到開出自己的生命之花。

虹在初戀時，是她那小鳥依人般的撒嬌撒痴，讓男友對她愛得如火如荼。婚後，在職場工作了兩年，不堪忍受勞累之苦，於是憑藉丈夫厚實的經濟後盾，她選擇了現在非常時髦的一個角色——全職太太。從此虹每日醉心於時裝、化妝品、美容院、庸俗的電視連續劇、柴米油鹽醬醋茶之中。結婚才兩年，虹開始覺得生活有些變味了，心裡總是發慌。因為她發覺自己和丈夫的話題越來越少了，自己已沒有什麼新鮮的東西對他說，只好天天眼睛裡充滿好奇聽丈夫說一些外面的事情；此時的她更像個小鳥般需要丈夫了。和丈夫聊天是她一天中最重要的內容；而且經常患得患失，一天不打個電話給男人，她心裡就落空空的。終於有一天，丈夫挽著另一個女人的手對她說：「我愛上了別人，是因為你不和我一起成長。」

婚姻不是女人的牢籠，婚姻也不會封閉了你的視野。對許多女人來說，天性中還是喜歡依賴男人。其實，男人只是你的夥伴，而不是你的依靠。當你傷心落淚時，當你身心疲憊時，你可以依偎在丈夫的懷裡，訴說自己的苦悶，讓他幫你一起尋找問題的答案。但女人一定不要把自己的整個生命都交給丈夫、孩子和家庭，如同藤條攀附著樹幹。這樣的婚姻，不僅圍困了你自己的心靈，也讓男人覺得疲憊，你們失去了一起成長的經歷，因此你們的婚姻裡就會缺少很多東西。

小凡二十二歲的時候就嫁給了和自己青梅竹馬長大的牛牛。小凡的父母和牛牛的父母一直是世交，不僅是生意上的夥伴，私下裡也是很好的朋友。後來，小凡家的生意遭遇了困境，而牛牛家的生意已經發展到了海外，是當地有名的企業集團。小凡嫁給牛牛的時候才剛剛大學畢業，對很多生意上的事情也不了解。她本可以安安心心在家做一個少奶奶，但小凡不願只做丈夫身上的一根肋骨，她要像樹一樣和他站在一起。於是，小凡進到牛牛家的企業裡來工作。可是工作了一段時間之後，小凡就發現自己有許許多多的不足，於是她下定決心繼續學習不斷充電，來開拓自己的事業之路。於是，在接下來的兩年裡，小凡透過自學拿到了會計證、報關員證等等許多的證書。她從一個對做生意一竅不通的女孩成長為了一名優秀的企業管理者。曾經那個柔弱的她已經不見了，而是變成了一個更加自信美麗的女人，她和丈夫一起分享著事業上的成功或失敗，他們牢牢站在一起。丈夫不久為她感到驕傲，也更加離不開她了。因為他們如此努力經營自己的事業就是為了能夠早早退休，一起去環遊世界。

兩個人的婚姻應該像兩棵並排栽種的樹，需要一起澆灌，一起成長。所以理想的婚姻，不該是徹底放棄自我，而是要擁有各自的空間，在親密中共用一起成長的樂趣，這樣的風雨同舟才更容易讓一段感情新鮮和持久。要知道兩棵樹牽著手更能抵擋風雨，分開了腳下還有大地。

記得有作家曾經說過：「女人，無論何時都應該像樹一樣站立。」只有像樹一樣站立，你才有一定的高度，除了身邊的瑣碎小事，你還能看到遠處的景色。當心靈有了一定的高度，你才能找到自己的生命之源。女人一定要明白，永遠獨立和向上的生長是你永不枯竭的魅力之源，也是你生存於世上最安全的保障。在婚姻裡，有什麼比你和你的愛人一起成長更加美妙的事情呢，你們一起經歷了風風雨雨，你們的婚姻也更加牢固，更加充滿了意義。

她時代，我們要經濟獨立

貌似最純潔的愛情都存在於偶像劇中，男女主角統統家世殷厚，非富則貴，兼且個個身懷絕技，身居高位，工作僅限於開會及簽字，每日除了戀愛便是失戀。當然也有王子愛上灰姑娘，但卻絕不提及一個錢字，大家都高貴得不染纖塵，此生此世只為愛存在。

可是更多的人抱怨，實際生活中，現在的女孩子都太現實，房子車子票子是相親的必要條件，否則免談。什麼時候我們又回到了「柴門對柴門，朱門對朱門」的年代？

有人說，女人一生中有兩次投胎，第一次是出生，第二次是嫁人。為什麼有這麼多人相信，可以靠嫁人來改變人生？就因為這是一條捷徑？最簡單、最快速、最省力、最立竿見影，投入產出比最高？天下沒有免費的午餐，任何事情都是要付出代價的。即使你嫁給了一個很愛你的男人，肯處處包容你，但這樣的包容和愛也是有尺度的。我的人生價值，在於我是誰，而不是我嫁給誰。嫁與不嫁，也根本與錢無關。如果我已經能夠生活得很好，要與另一個人廝守一生，當然需要充分的理由，有錢和有很多的錢，都不是好藉口。

無論什麼環境，無論哪個時代，經濟獨立都是女人打開幸福的一把鑰匙。一個女人在做到經濟獨立之後，她才能更好愛惜自己。婚姻也有風險，一個經濟獨立的女人比一個沒有經濟能力的女人更有能力承擔這種風險。一個經濟上能夠獨立的女人，當她遇到一個花心丈夫，或者一場充滿欺騙與背叛的婚姻時，她才能有足夠的信心從已經變質的婚姻裡掙脫出來。像家庭暴力及丈夫外遇所造成的感情痛苦與折磨，在很大程度上都與女人有無經濟保障有著極大的關係。當她有了自己的收入，就可以做出其他的選擇，就不必再受委屈而去追求自己的新生活。

女性唯有經濟獨立，才可能有人格獨立、思想獨立，才可能尋找到自身的價值。每個人活著都要有志氣，這樣的志氣就是要做到經濟獨立，不依附他人。只有這樣，不管你處於什麼樣的境地，都可以靠自己的一雙手修補和美化自己的生活，獲得自己的尊嚴。只有經濟獨立了，女人才會有自己心靈的一片天空，在這片小天地裡，你可以獨自閱讀，獨自思考，獨自去領略風霜雨雪，明媚春光。否則，女人就只會圍著丈夫轉了。

身為一個女人，外表盡可以千嬌百媚，桃紅柳綠，但在為人的品格上，不要做溫室裡的花朵，要做疾風中的勁草。讓我們拋棄女人骨子裡固有的虛榮和輕飄，軟弱和嬌氣，不要再為風花雪月的「小資情調」作態流淚。在人生的大風雨面前，不是殘紅凋零，無可奈何花落去，而是挺直了脊梁，努力頑強生活。

第五章　職場生涯迸發女人味

杜拉拉是當今職業女性的代言人，她從一名職場菜鳥做起，最終成長為一位外商的人事經理。她既能夠在工作上遊刃有餘，又在生活中不乏姿態萬千。她能很好掌握了工作和生活的微妙平衡，靈巧而躍動將職場變為華麗舞臺。無論在何種場合，她總是個性鮮明吸引著眾人的眼球。杜拉拉成功使自己華麗轉身了。

當美麗轉化成智慧，當一個青澀的女孩成長為一個自信而又有魅力的女人時，她的生活就會不再缺乏精彩。讓職場生涯盡情迸發你的女人味吧！

找準自己的職業方向

職業是一個人一生都要面對的事情，是一個人成功的載體和自身價值的體現。因此，職業選擇非常重要。如果你想擁有一份充實而有意義的人生，一定要選擇自己喜歡的職業，只有這樣你才會擁有屬於自己的一片藍天。有人說，選擇職業就像選擇戀人一樣，一定要選擇適合自己的。是啊，既然生命中有許多時間要和工作一起度過，為什麼不選一份自己喜歡，而且適合自己的呢？

可是，對於一個剛出校門的女孩子來說，也許會面臨一個迷茫期。也許你不太了解自己的興趣愛好，也不知道自己的潛能在哪裡，你需要一邊摸索一邊尋找自己的方向。但無論如何，你一定要有一個堅定的信念：儘快找到一份與自己性情相符合的職業。如果你沒有想好自己將要從事的職業，就不要貿然進入，那樣不僅會給你帶來困擾，也會將自己寶貴的青春浪費在一些無用功上。

小蘭已經三十歲了，是一家公司的文職人員。對於職業規劃這一問題，她的體會就是兩個字——後悔。因為她已經深深感受到，完全沒有規劃的職業生涯，注定是沒有前途的。

大學畢業的時候，小蘭根本不清楚自己的專長和興趣到底在什麼地方。事實上，小蘭一直是個優秀的學生，但因為所學專業並不是她所喜歡的，而且她對那些所謂的熱門專業也不感興趣，到底要做什麼樣的職業，她自己也不清楚。

畢業後，小蘭做了兩年的教師，但是一直達不到興奮點，於是就辭職讀了原專業的研究生。小蘭是學英語專業的，研究生畢業後，聽別人說國貿行業很掙錢，於是就應聘到一家公司做國貿業務員。但是由於沒有經驗，做了不久，她就覺得這不是自己想要的工作，辭職，做了翻譯。又做了不久，仍然覺得沒達到理想狀態，於是再一次辭職。做對外教學，然後沒多久又再次跳槽，如今就幹了一份用不上原專業的文職人員。

至此，小蘭才開始後悔自己從前沒有規劃好自己的職業方向。算算已經畢業幾年了，有的同學已經在自己的領域小有發展了，而她仍是一籌莫展。總是想著，假如當初堅持做國貿業務員，或許也作出一些成績了；就算是做翻譯，也小有成就了吧；而現在……

小蘭的故事告訴職業女性們，只有合適自己的職業可以給一個女人帶來自信和幸福。所以，剛出校門的大學生一定要認清自己的方向，不要隨波逐流，這樣只會使自己陷入一種困境，無法自拔。

作為一個一心想事業有成的職業女性，如果不能把選擇職業的權利抓在自己的手中，即使她在某種程度上取得了一些成效，但最後的結果也只能是「竹籃打水——一場空。」所以，一個女人如果真正按照自己的意願、自己的喜好選擇事業，那麼，她將更容易贏得成功，並取得輝煌的業績。

美國廣告界巨擘瓊安娜女士自幼酷愛文學，並閱讀了大量的文學著作。在她很小的時候她便立下了志向——做一名出色的作家。高中畢業以後，她報考了文學系。而大學畢業後的她，也沒有像其他同學那樣去找尋工作，而是開始埋頭文學創作，其努力的程度用「頭懸梁錐刺股」來形容也絲毫不過分。

功夫不負有心人，她在一年之中寫了兩部長篇小說，但不幸的是，她的兩部小說均未被採用。但是瓊安娜並未灰心，她認為是自己的視野太狹窄才導致了失敗，於是她便借了一大筆錢，到各地去旅遊，以增加見聞，並且在每次的旅遊後，她都會寫下大量的散文和劄記。不過，這些散文和劄記被報社採用的機率仍然不高。這時，由於長期入不敷出，親友便開始反對她的追求，勸她可將創作當成興趣，然後去好好找份工作做，而她自己也知道藝術來源於生活，所以也同意並採納了親友們的建議。

由於她有很好的文字基礎，所以輕而易舉在報社找到了一份記者的工作，不過，她依然對文學創作念念不忘，所以，對記者的工作也很不用心，沒多久她就被解雇了。一年中她數次失業，情緒也因此而低落，她的作品品質更是每況愈下。經歷如此多的波折，她開始靜下心來分析當作家所需要的多種因素，以及自身所具備的素養和能力，終於她認清要成為作家除了努力以外，還要有機會、閱歷、思想等許多條件，當然最重要的是要有天賦，而自己並不具備這些條件。

於是瓊安娜決定放棄當作家的念頭，轉而從事廣告文案創作，在這個領域，她激發出了自己更多的熱情，同時由於她的文學底子很強，所以很快就在廣告界嶄露頭角，最後她成為紐約市有名的廣告策劃人。

瓊安娜無疑是一個聰明的女人，她的聰明之處在於當她發現作家這個夢想並不適合自己時，她並沒有了為了適應這個行業而改變自己的性格，而是明智選擇了堅持自己的性格，放棄文學創作，轉而從事真正適合自己的方案創作工作。

現在，在就業壓力較大的社會中，人們普遍認為公務員、教師這些穩定的職業才是良好的選擇，但並不是每個人都適合這種穩定的工作氛圍。好的職業不一定是穩定的職業，選擇那些最適合自己發展的職業才是一個女人的明智之選。

找到自己的「職場教練」

現在社會上有很多的教練，比如說瑜伽教練、網球教練等。當你想要學某一項技能的時候，你需要有一個教練來引導你，教會你這項技能。同樣，當一個新人走進職場時，也一定是充滿了各種各樣的困惑。這時候的你，如果能夠遇上一位經驗豐富的教練來指導你的話，相信你的職場之路就會越來越順的。說不定哪一天，你這個職場菜鳥就蛻變成了一個職場「白骨精」了呢。

身處職場，就會遇到很多問題，而職場教練就可以告訴你哪裡有陷阱，哪裡是地雷，哪條路才是更近的路。而你懂得了這些要領，就會邁開步子大膽向前衝。所以，要想離成功更近，讓自己的前程走得更遠，一定要找到自己的職場教練。很多聰明的女孩，都會在自己的職場教練身上「大做文章」，於是她們也在自己的職場上獲得了成功。

菲是一家網路公司的專案經理，同時也負責公司內部一些技術方面的培訓工作。由於她有著扎實的專業知識和認真負責的工作態度，公司交給她的工作任務都完成得很出色。幾年後，公司上層開會決定提拔她，希望她能在公司的其他領域有進一步的發展。於是，銷售成了菲涉足的領域。身為銷售部總監的她，認為自己一定會做得很出色。然而，結果卻是，在年終公司報表上，她並沒有如期那樣成為銷售部的支柱，業績甚至還不如新來的一些員工。看著自己的業績都不如新來的員工，菲開始變得很喪氣，曾經的自信蕩然無存，漸漸她在團隊中的威望也大不如前了。不久，這種失敗的影響甚至波及了她的私人生活，一個多年從事銷售的老同學知道菲的事情後，也非常著急，細緻認真幫助菲分析她現在的狀況。分析後，她覺得菲在自身的職業規劃方面存在著一定的盲點，當初她也是因此陷入職場的瓶頸。在老同學的耐心幫助和開導下，菲認識了自己的缺陷所在，於是重新振奮精神，衝向自己失去的「陣地」。

兩年後，菲已經告別了兩年前的困境，現在的她已經是該公司的市場部總監。對自己的發展，菲已經有了明確的方向，並且也已經成功走上了通向更高層面的職業發展通道。

在菲走向職業成熟的過程中，她的老同學便充當了職場教練。在老同學的幫助下，菲認清了自我，以自信和積極的心態來面對工作，於是她迅速突破了工作中的困境，走向了職場的成功。

在每個人的職場生涯中，都會面臨一段黑暗的時期。這個時期，你對自己認識不太清楚，職業發展方向也不明確，你急需要一個人來幫你指點迷津，幫你走出困惑。其實，未來的道路都要靠自己一步一步走下去。因此，這個時候，你可以靜下心來分析問題的原因，找到解決的方法，再制定一個良好的職業規劃。你就是你自己的職業教練，你可以自己幫自己走出困境。然而有的時候，我們會面臨「當局者迷」的困境，自己無法幫自己看清方向，那麼你就需要一位元良師益友來充當你的職業教練。這個職業教練可以是你的上司，職場前輩，或是同事、朋友。這個教練將是你職場中不可多得的貴人，他擁有豐富的專業知識和技能，他能幫助你掃清前進的障礙，引導你一步步走向成功。

總之，職場路漫漫，除了自身努力之外，你需要向身邊的人不斷學習來提升自己。對於一些剛出校門的女孩子來說，初進職場，肯定有許許多多的問題出現，如果這時候你不及時把問題解決掉，那很可能影響你今後的職業發展和前途。因此，當我們自身能力有限的時候，就一定要虛心請教別人來幫助自己。一個職場教練對你來說，就是一個大貴人，他會教你如何掃清這些職場上的障礙，也會告訴你如何在職場中獲得成長。因此，聰明的女孩子一定要把握每次向別人學習的機會，找到自己的職場教練，你的職場之路就會越走越順，越走越遠。

用好妳的「職場資本」

在當今社會，越來越多的女性走出家庭，投入到了工作的隊伍。她們和男人一樣用知識、用雙手裝點著多彩的世界。在這個日新月異的時代，職場不再只是男人的天下，女人和男人一樣擁有成功的機遇。身為職業女性，還會面臨更多屬於自身性別帶來的挑戰。職業女性要成為職場裡的贏家，需要的是和男人不同的成功方式。在這方面，男性的成功經驗也許不一定適合女性。因此，作為女性，必須找到適合自己的成功模式才能獲得成功。

在這個日新月異的時代，女人和男人一樣擁有成功的機遇。實踐證明，女人在心理上的某些優勢可能更適合自身的發展。女人也比男人更容易在這個社會獲得成功。不過，大多數的女人都對這一點持有懷疑的態度，只有極少數的女性堅信並發揚了自己這一資本。所以，她們取得了成功。身為一位渴望成功的女性，我們怎麼能允許對自身的能力和性別產生懷疑呢？要不斷鍛造自己、錘鍊自己，相信自己是最好的！

可是，女人的優勢有哪些呢？細緻、關懷別人、性情溫柔、容易溝通，這些已經成為越來越多的現代企業對員工的要求。因此，在職場上生存，可以說女人比男人擁有更多的資本。

美麗的容貌似乎總能助職場女性一臂之力，職場美女的身邊也總是少不了獻殷勤的男同事，甚至引起上司的刮目相看。美麗，常常可以讓女人們在工作中遊刃有餘，左右逢源。其實，女性魅力與職業能力，並不是水火不容。實際上，不少職業女性，「一半是水，一半是火」，她們既擁有溫柔、細膩和親和力的特質，辦事又非常精明、果斷和幹練。她們憑女性特有的氣質、風采，在職場「叱吒風雲」，打造成功事業，贏得了廣泛讚譽。

然而，美麗的職場女性與他們的職業能力卻處在一個十分尷尬的境地。她們事業有成的時候，人們總是將成功歸功於她們的容貌，她們的工作業績在人們的眼裡因為長得美麗而大打折扣，這種觀點往往成了人們的共識。實際上，不少成功的女士，既美麗又有職場的魅力。漂亮不分年齡，每個階段的女性都有她美麗的地方，知道自己的漂亮，學會使用自己的漂亮，天下便無堅不摧，無往不利——誰又喜歡邋遢的黃臉婆呢？

俗話說，男性用語言維持權威與獨立；女人用語言創造親密關係。這句話的意思是說女性確實是天生的「銷售高手」。善於處理關係是女人的天生優勢。很多人也許曾看到過這樣的現象：不少即使是很能幹的男性也感到很棘手的事，派女性前去辦理，便能收到出奇滿意的效果。聰明的女人總能應付自如，輕易就打開了良好局面。出色的溝通能力是獲得他人認可，獲得客戶認可，儘快融入團隊的關鍵要素。

可惜的是，許多女性卻不了解自己這方面的優勢，不懂得運用自己這方面的天賦，更不懂得為事業的順利和成功增加砝碼。很多女人十分注意自己的服飾與化妝，然而卻很少注意提高自己的說話水準，這不能不說是一個遺憾。其實，生活中女性的口才並不弱於男性，但為什麼在工作中，或者一些重要場合，總是男性發言的機會更多一些呢？也許女性比男性更羞怯，女性更願意在幕後操勞等等。但是，總有一些場合是躲不開的。這個時候，如果能有好口才，定會讓你在萬眾矚目中光彩奪目。

水是最柔弱的東西，但是滴水可以穿石；現代女性，就像是水，可柔可剛。身為一名女性，要好好利用你的女性「職場資本」。對現代女性來說，職業道路成為人生的重要選擇。有這樣一種女人，她們自立自信，優雅中帶有堅韌；她們精明豁達，幹練又不失風情萬種；她們有資本，先知先做，愛己愛人，像一群城市中的精靈。她們認為女人可以不漂亮，但不能沒有味道。職業女性可以俐落，但不可粗糙。女人可以母性，但不能太婆婆媽媽……總之，在職場上充分發揮女性應有的潛力，認識現代女性的複雜情結，乃是做好女性生涯規劃的第一任務。

身為一個聰明的女人，就要懂得發揮自己的優勢，在男性占據了大半江山的職場中「殺出一條血路」。

不做職場便利貼女孩

偶像劇《命中注定我愛你》提出了「便利貼女孩」這個概念。這部片子的女主角就是一個「便利貼女孩」。這種類型的女孩樸素、單純、安分，從來就不是什麼重要人物，也不期待變成一個重要人物。在辦公室裡，她總是被別人呼來喚去，不是跑腿就是打雜，雖然功能小小，但是又不可或缺，就像是一張隨手可撕的便利貼，不起眼也不特別。

對於一個新進職場的菜鳥女生來說，沒有職場經驗，與人交往沒有態度、沒有原則，生怕得罪了別人，於是就處處討好別人，一不留神就讓自己陷入了窘境，成了一個職場上的「便利貼女孩」。

納納就是這樣一個現實版的「便利貼女孩」。納納從小就內向，溫柔，總給人一種弱弱的感覺。剛進公司那天，納納一進門，就被這強大的陣勢給鎮住了，那些行事如風的前輩同事們，各個姿態不凡。納納知道自己是新手，於是向每一個同事介紹自己，並希望大家給多多幫助自己。

於是，自從納納來了之後，公司裡就多了一個小幫手。只要她閒著，有人叫她就趕忙跑過去幫忙。從起初很客氣的送檔送資料，到以後的端茶送水，打掃辦公室，納納都是小心翼翼的，不敢怠慢。每逢休假日值班，只要別人開口說自己有事加不了班，納納都一一答應，幫他們加班，為此納納不知浪費了多少個休假日，久而久之都變成值班專業戶了。納納也因此成了辦公室裡的「老好人」。但隨著工作的漸漸增多，納納不能再像以前一樣幫他們跑腿了，但緊接著抱怨就接二連三，有的人還當著納納的面尋開心，「擺什麼架子嘛？來來來，幫我把這份材料送到各個部門去。」納納很想拒絕，但由於礙於情面，有時沒辦法還得去做。

納納的遭遇是很多初入職場新人的寫照。剛剛進入職場，難免會像個「便利貼女孩」一樣，被上司和同事們使喚來使喚去，或者自己苦思出來的想法創意被上級有意無意剽竊過去，卻礙於身分有苦難言：沒辦法，誰叫你是新人！

其實，「便利貼女孩」的苦惱就在於不懂怎樣和同事處理好關係。和同事搞好關係是應該的，但這要看你和同事之間的「好關係」是靠什麼來維持的，他們對你的「好感」是如何形成的？如果只是因為你是一個很好「使喚」的同事，能夠為他們減輕很多負擔，甚至成了他們犯錯時的「犧牲品」，顯然，這樣的「好關係」不值得慶幸。尤其作為初涉職場的新人，要記住，同事不等於朋友，不能公私不分。和同事保持適當的距離，鼓足勇氣，對一些事情撒謊說「不」，這樣會使你看起來更美。

「便利貼女孩」在人際和情感中是非常受依賴的，所以才會想盡辦法示好，但又會找不到正常的人際邊界，才會經常讓自己總處於窘境。「便利貼女孩」也常會呈現分離性焦慮，這也會讓身邊的人感到無措。

如果你不想成為「便利貼女孩」，可以從以下幾點來改變自己。

- **心態的改變**：首先是要認識到自己最擔心的不僅僅是別人愛不愛自己，而是自己夠不夠可愛，而可愛的人一定會有一個積極的心態。當自己有了陽光而可愛的心靈時，那在身上就再也找不到便利貼女孩的影子啦。
- **提升氣質**：首先，要改變自己的外在。也就是說，要改變自己的氣質，注意打扮自己，開創自己的獨特風格，不要讓人一看就覺得你是什麼也不懂的「菜鳥」。除了外在，內在也要提升。自信是提升氣質的最好辦法，面對一切，自信讓人覺得你是可以的。
- **勇敢說不**：其次，不要太過「軟弱」、「好欺負」，要敢於對別人說「不」。初入職場，如果沒有太多事情要你做，就利用閒置時間提升自己的能力，而不是整天做「大好人」，幫別人加班，沒人會感激你。

．**我就是我**：在處理同事關係上，一定要做到不卑不亢。在心態上，要始終告訴自己，你和他們是一樣的，不要覺得自己卑微，於是委曲求全。當然，也不要驕傲，讓人不敢靠近。總之，要做自己，不管到什麼時候都不能丟了自我。

做到以上幾點，相信你一定可以擺脫這些「委屈」，成功在職場上占有一席之地。

遇見「惡魔」上司

如果你看到電影《穿著Prada的惡魔》的話，一定對那個惡魔似的女上司印象頗深。該片講述一個剛從學校畢業想當記者的女孩子安德莉亞在尋找工作無果的情況下進了一家頂級時裝雜誌給他們的總編當助手。而嚴厲幹練的女總編斯特里普是個惡魔似的上司，以冷酷和難以捉摸聞名時尚圈。她對待所有的人都是那麼尖酸刻薄，緊張的氣氛蔓延在整個雜誌社。安德莉亞發現她的工作簡直是噩夢。

在影片中，這個時尚的女魔頭無論公事私事都交給助手打理，把這個可憐的女孩折磨得苦不堪言。買星巴克、接電話、借衣、租場地，任勞任怨，還得有出得廳堂的體面聰慧。安德莉亞對待工作的態度從一開始的得過且過，不為工作而改變自己，到後來主動換上了在圈子裡的時尚的衣服，完美完成著她的工作。

如果你身邊有位這樣的女上司，可能你就會大叫救命了吧。

小雪就是這樣一位遭遇了惡魔上司的女孩。這樣的惡魔上司令小雪整天處於一種緊張狀態，老闆不僅態度冷漠，對她說話總是冷眼冷語，而且幾乎把所有的工作都交給她做，做完之後還要到處挑毛病，動不動就是一頓臭罵。小雪覺得自己只是一個剛出校門的女孩子，一副柔柔弱弱的樣子，可是老闆卻對她一點也不客氣。小雪覺得自己是不是應該辭職了，再這樣下去非鬱悶死了不可。

每天一回到家，小雪就開始對男朋友發牢騷，男朋友覺得她這樣的工作狀態實在不好，可是如果換工作吧，小雪又是很擅長做這一行的，不能只因為一個惡魔上司就辭職不幹啊。為了安慰小雪，一天下班後，男朋友特意到小雪的公司來接她回家。碰巧那天事情多，小雪又要加班，一看到男朋友，她的牢騷就又來了。

男朋友聽了她一番牢騷之後說：「從外表看起來，我覺得你們公司還不錯呢！沒有你講的那麼糟啊！辦公室的裝潢很高雅，同事也都打扮得體、態度親切，可以感覺到他們素養都很高。再說了，你的薪資也算可以了啊。」小雪聽了，無奈搖了搖頭，她說你怎麼知道我的苦衷呢。男朋友同情看了她一眼，安慰她說：「親愛的，你真可憐，不過要好好忍耐喔！我相信你在這種人下面工作，如果能夠撐得過去，將來就再也不會碰到比他更壞的人了！」

那天之後，小雪反覆思考了男朋友的話，她覺得上司雖然態度不夠友善，但他的動機是還是好的，遇上了這樣的老闆，就當是一次鍛練的機會吧。

同事是妳進步的標籤

同一個公司同一個職位的同事，就像和你站在同一個起跑線上水準相當的對手一樣。從某種角度來說，同職位的同事也代表了你某個階段的能力。可以作為進步的標籤。這個時代永遠是向前進步的，就像時間一樣，永遠是向前的。如果你進步的速度趕不上時間和時代，那便是退步了。而同事，則是你的一個參照物。

張英和李娜同年大學畢業後，被同一家批發公司錄用。她們兩個人工作都努力。然而，一年後，老闆提李娜為部門經理，而張英還是一名普通員工。張英覺得老闆有失公平，於是再也無法忍受，衝動之下寫了一封辭職信，並抱怨老闆不會用人，不重用那些敬業的人，只提升那些奉承他的人。老闆知道張英工作確實很努力，於是很想挽留她。他想了一會兒說：「謝謝你對我的批評。但是我有一個請求，我希望在你離開之前再為公司做一件事情。或許到時你會改變決定，收回辭呈。」

張英答應了。老闆讓她去電子市場找到一個修電腦的人，張英去了並很快回來。她說她找到了一個修電腦的人。老闆問她修一臺電腦要多少錢？張英搖搖頭，又回到電子市場去問，然後又回來告訴老闆是五十元。老闆讓張英等一會兒，這時他把李娜叫到辦公室。他同樣讓李娜去市場找到一個修電腦的人。李娜去了，回來之後說：「老闆，那裡有很多修電腦的鋪子，最便宜的一家是四十元。」張英聽了之後，受到很大的觸動，她終於意識到自己與李娜之間的差距，於是她決定收回辭呈並向李娜學習。

同是一個水準的人，又同時進入一家公司。為什麼有的同事受到了老闆的賞識，並且很快升值加薪了呢。不要總是覺得別人不如自己，有時候在你不知不覺之間，別人已經向前跨了一大步。

有兩個和尚住在隔壁。所謂隔壁是：隔壁那座山，他們分別在相鄰的兩座山上的廟裡。這兩座山之間有一條溪。這兩個和尚，每天都會在同一時間下山去溪邊挑水；久而久之，他們便成為好朋友了。就這樣，每天挑水，不知不覺已經過了五年。突然有一天，左邊這座山的和尚沒有下山挑水，右邊那座山的和尚心想：他大概睡過頭了；便不以為然。哪知第二天，左邊這座山的和尚，還是沒有下山挑水，第三天也一樣。過了一個星期，還是一樣。直到過了一個月，右邊那座山的和尚，終於受不了了。心想：我的朋友可能生病了，我要過去拜訪他，看看能幫上什麼忙。於是他便爬上了左邊這座山去探望他的老朋友。等他到達左邊這座山的廟看到他的老友之後，大吃一驚！因為他的老友，正在廟前打太極拳，一點也不像一個月沒喝水的人。他好奇問：「你已經一個月，沒有下山挑水了，難道你可以不用喝水嗎？」左邊這座山的和尚說：「來來來，我帶你去看。」

於是，他帶著右邊那座山的和尚走到廟的後院，指著一口井說：「這五年來，我每天做完功課後，都會抽空挖這口井。即使有時很忙，能挖多少就算多少。如今，終於讓我挖出井水，我就不必再下山挑水，我可以有更多的時間，練我喜歡的太極拳。」

很多時候，我們也如故事裡的兩個和尚一樣，每天，看著自己和同事做著同樣的事情，同時上班，同時下班，好像一直都是這樣的。然而突然有一天，同事升遷了，加薪了，跳槽了，你卻迷惑了。因為，在你沒看到他的時候，他都在默默「造井」。其實，你也可以做個「造井」人。而且可以努力造出更多更好的井。假以時日，升遷加薪跳槽的會是你。所以，做一個「造井」人吧。一邊工作，一邊充電，以同事為進步的標籤，步步為營，攀上人生的巔峰。

機會來時，你抓住了嗎

在一個人的職業生涯中，機會很重要。有時候，一個小小的機會就可以改變你今後的發展前途。生活中有很多人抱怨自己才華出眾，但苦苦遇不到機會，交不到好運。其實，很多時候，生活中並不是沒有出現機會，而是當機會出現時，你卻與之擦肩而過了。

有這樣一個古老的故事：

一位虔誠的信徒在遇到水災後，便爬到屋頂上避難。但是，洪水漸漸上漲，眼看就要淹到腳下了，信徒急忙禱告道：「大慈大悲的佛祖快來救我啊！」不久就來了一條獨木舟，船上的人要救信徒，他卻說：「我不要你來救，佛祖會來救我的。」於是那人駕著獨木舟走了。可大水還在繼續上漲，很快到了他的腰部。信徒十分著急，立即又向佛祖發出祈求。這時，又來了一艘小船，船上的人要救信徒到安全地帶，他又拒絕了，並且說道：「我不喜歡這艘船，佛祖會來救我的。」那條小船只好拋下信徒開遠了。沒一會兒，水已經漲到了胸部，信徒繼續大聲向佛祖禱告著。可是，隨著洪水的上漲，信徒已經奄奄一息了。

就在此時，一位禪師駕船趕來救起了他。得救的信徒向禪師抱怨說：「我對佛是如此的虔誠，但是佛祖在我遇難之時卻不來救我。」禪師深深嘆了口氣，說道：「你真是冤枉了佛。佛曾經幾次化作船來救你，你卻嫌這嫌那，一次又一次拒絕了。看來你與佛無緣了。」

有時候機會就在你的身邊，可你卻不懂得把握。對於職業女性來說，要想在職場上有所發展，把握機遇是非常重要的。然而，有句話說得好，機遇是準備給那些做好了準備的人。如果你自身的能力不夠，就是有好的機會擺在你的面前，你也只能看著它從你身邊溜走。因此，在我們抱怨生活中沒有機會時，不妨先做好準備，不斷提高自己。等機會來臨的時候，你就能輕鬆抓住它。

被稱作「偶像劇教母」的著名製作人柴智屏就是一個善於把握機會的人。只因為她把握住了一次小小的機會，才有了今天的成就。

身為家裡的獨生女，柴智屏一直把電視當成她從小到大最好的朋友，後來上大學，就理所當然選擇了戲劇傳播系。大學剛畢業，由於很難找到相關工作，她只好四處找工作做，只要有人給她錢，哪怕是幾百字的解說詞，她也去做，之後又替人當槍手寫電視劇本，寫電影，別人賺大把大把的錢，而她只能拿少得可憐的糊口錢。一次，她在報紙上看到招聘戲劇編劇的小廣告，她去面試，卻發現原來是寫三級片，而且那個公司也就老闆和她自己。考慮再三，她還是選擇了做這份工，作為接觸這個行業的起點，然後耐心等待適當的時機。

後來，一個偶然的機會，她應聘到電視臺一個節目組當了編劇。半年後，在一次製作節目時，製片人不知為什麼突然大發雷霆，離開了攝影棚。幾十個工作人員全愣在那裡不知怎麼辦，主持人看了看四周，對她說：「下面的我們自己錄吧。」

機會只有三秒。三秒鐘之後，她拿起製作人丟下的耳機和麥克風，她把握了這次機會，並且做得非常出色。慢慢，她開始做製片人。在由編劇到製片的轉換過程中，她沒有費多大的心力，按照她的說法就是：「我覺得觀察很重要，在一個工作環境中，一定要觀察別人在做什麼，然後要吸收、模仿。」幾年後，她成了三度獲得金鐘獎的王牌製作人，接著一手製作了紅得一塌糊塗的電視劇《流星花園》，被稱為臺灣偶像劇之母。回首往事，柴智屏說：「機會只有三秒，就是在別人丟下耳機和麥克風的時候，你能撿起它。」

這是個充滿了奇跡的世界。如果你在機會來臨時，抓住了它，那麼你就擁有了創造奇跡的可能。一個聰明的女人，總是在不經意間成功上位，她靠的是智慧，也是機遇。

職場中不忘充電

對於很多剛出校門的女孩來說，離開學校就意味著離開了學習生涯。然而，在這個處處充滿了競爭的社會裡，永遠是適者生存的哲學，任何時候都不能放棄學習。從你進入職場的第一天開始，你就應該明白，你的職場學習生涯到來了。對於一個職業女性來說，在職場中繼續充電是她必備的職業素養，只有這樣才能不斷提高完善自己，為自己積攢能量，在今後的事業中取得更大的發展。

王霞大學畢業後，隻身來到北京，幾經周折來到一家大報社當了一名記者。在新聞媒體做記者，對於一個新聞系的女大學生來說，這是一個非常好的職業。王霞開始的時候，也是躊躇滿志，準備好好幹一場，成為一個有所作為的記者。

可是，到報社沒幾天，她就發現自己錯了。原以為當個記者無非就是到下面去採訪採訪，回來寫篇稿子完事。誰知，真的工作起來，根本不是那麼回事。作為一名記者，不但要有敏銳的新聞目光，能抓住新聞點，還要有必不可少的文采，能寫一手漂亮的文章；不但要有很強的交際能力，準確的語言表述能力，還要有相應的政策法規等專業知識做依託；不但要有一定的儀錶，還要有吃苦耐勞的精神，等等。總之，一位元出色的記者必須是一位元綜合能力極佳的全面型人才才能勝任。

她不想丟掉這份得之不易的工作，又感到非常吃力。這使她感到很苦惱，原先無拘無束的一張笑臉，一時間布滿了烏雲。對此，報社裡的前輩們向她建議，她的窘境主要是因為她的經驗不足和相關知識的緊缺造成的。應抓緊為自己充電，多學一些東西。

於是，她每天從報社出來，不是去自己「租來的家」，而是直接去英語、電腦班「升級」自己，星期六日就一頭紮入專業學校，一天到晚忙個沒完。工作、學習緊張得讓人無暇他顧，時光也在不經意間劃過了半年。她自己倒沒覺得什麼，上司都誇她大有長進，同事們也都說她成熟了。

及時的充電不僅使王霞保住了自己工作，也使自己的能力得到了鍛練。其實，學習是一個人終生的事情。有的人雖然在學校裡是個高材生，參加工作後反而懈怠了自己，不積極進取，從前的光芒也暗淡了下去。而有的人雖然不是名校畢業，卻非常注重在職業中的充電，從而取得了一定的成就。

李娜是一名普通的大學畢業生，家裡也沒有什麼背景，所以她就自己來到北京打拚。因為教育背景不是名牌大學，她的第一份工作並不理想，只是在一家小公司做文員。為了改變自己，李娜開始了漫長的充電之旅。

在工作之餘，李娜報了個英語培訓班，以便提高自己的英語水準。一年之後，她的英語突飛猛進。能力提高了，她也更加自信了，對自己的未來更充滿了信心。於是，李娜決定向更高的目標邁進。憑藉出色的外語，她順利進入了一家外商。

然而，在她進入這個外商之後就發現，在自己接觸的客戶裡不僅有說英語的客戶，也有很多法國客戶。由於自己不懂法語，在與客戶談判的時候，必須要公司的翻譯幫忙。而有的時候翻譯不在的話，就給她的工作帶來了很多的不便，也讓自己損失了許多的客戶。從那時起，李娜就開始自學法語，並在和客戶的交流中得到實踐，從此她的工作就便利多了。在之後公司的一次裁員中，李娜憑著出色的英語和法語水準，不僅沒被裁掉，還被提升為辦公室主管。

然而，在現實生活中，很多的現實原因也阻礙著職業女性的充電，比如說時間、經濟等原因。其實，學習並不需要你脫離現在的工作，重新走到學校去學習。只要你有一顆上進心和奮鬥的決心，選擇了與學習為伴，任何時間，任何場所都可以為自己充電。

累積妳的「人脈存摺」

也許你沒有特殊背景，也許你知識水準一般，因此你在職場中需要處處小心翼翼、如履薄冰。可你是不是也在盼望著有朝一日能遇貴人相助，從此飛黃騰達。其實你的生活中並不缺貴人，他們可能就是你的朋友、同事，甚至是萍水相逢的人。只要從現在起，學會整理你手邊的名片，好好打理你的「人脈存摺」。

其實不論做什麼行業，人人都得依靠人脈。斯坦福研究中心曾經發表一份調查報告，結論指出一個人賺的錢，百分之十二點五來自知識，百分之八十七點五來自關係。兩百多年前，胡雪岩因為善於經營人脈，而得以從一個倒夜壺的小人物，翻身成為清朝的紅頂商人。兩百年後，人脈就是財富成為各行各業成功的祕訣。在好萊塢一直流行一句話：一個人能否成功，不在於你知道什麼，而是在於你認識誰。

人脈是一個年輕人通往財富和成功的門票。從二十幾歲起，必須提高自己的社交本領，必須有意識累積人脈，如果能做到這一點，你會受益無窮。

很多人只知道比爾蓋茲（Bill Gates）今天真正成為世界首富的原因，是因為他掌握了世界的大趨勢，還有他在電腦上的智慧和執著。其實比爾蓋茲之所以成功，除這些原因之外，還有一個最關鍵的就是他的人脈資源相當豐富。

比爾蓋茲創立微軟公司的時候，只是一個無名小卒，但是在他二十歲的時候簽到了一份大單。他二十歲時簽到的第一份合約是跟當時全世界第一強的電腦公司——IBM簽的。當時，他還是在大學讀書的學生，沒有太多的人脈資源。他怎能釣到這麼大的「鯨魚」？原來，他可以簽到這份合約，中間有一個仲介人——他的母親。他的母親是IBM的董事會董事，媽媽介紹兒子認識董事長，這不是很理所當然的事情嗎？

記住一個人，認識一個人，就等於潛在獲得了一個機會。有研究發現，在這個世界上，任意兩個人之間建立一種連繫，最多需要六個人，這就是六度分隔理論。這一理論在一九六〇年代由美國心理學家史丹利．米爾格蘭（Stanley Milgram）提出，而美國微軟公司研究人員透過計算證實了這一理論。透過準確計算，任意兩個人之間建立連繫需要六人。因此，當你的「人脈存摺」累積到一定的數量時，它一定會對你的成功有所幫助。

張楠是一名貧困的女大學生，靠助學貸款完成了自己的學業。五年之後，她就成了一家公關公司的經理。當別人羨慕她的成功時，她只是簡單說，她只不過是擁有了一些人脈而已。畢業之後，張楠進入一家公司做文祕。這本來是一份很簡單的工作，但張楠卻懂得發掘它的意義。當老闆和客戶溝通時，一般都會帶上張楠。張楠也積極把握機會，為老闆和客戶建立一種良好的溝通氛圍。剛開始，張楠也不懂怎樣與人溝通，後來她就慢慢琢磨出了與人溝通的技巧以及如何給別人留下一個良好的印象。後來，張楠跳槽到一家公關公司做公關，接觸到了許許多多的客戶，她良好的溝通能力使她不僅談成了生意，而且還和這些客戶交上了朋友。而且，她也善於維繫這種朋友關係，不僅知道他們的名字，家庭背景，還了解他們的興趣愛好。後來，等張楠積蓄了一定的資金和能力，準備自己開一家公司時，她的這些客戶朋友便為她幫了不少的忙。

其實，我們就生活在一張巨大的關係網中，每個人都是網與網之間的交點。人際關係就像隱形的翅膀一樣，可以使你從一個點跳躍至另一個點。

人脈如此重要，那麼應該如何累積人脈？其實，每個人都有一套累積人脈的方式，要提升人脈競爭力有許多技巧，但是前提是一個人必須先具備自信與溝通能力。一個沒有自信的人，無法順利與人交談，就更別談拓展人脈了。而溝通能力，其實就是了解別人的能力，包括了解別人的需要、渴望、能力與動機，並給予適當的反應。不過，提升人脈競爭力的最重要的原則，還是要誠心。學習關懷別人，尊重他人，樂於接受他人的想法和意見，對任何在你生活或事業上有所幫助的人都心懷感激。人脈的累積是長年累月的，需要長期的付出與關懷。

不要將情緒帶進職場

女性大都比較情緒化，遇事不夠冷靜。而身為一名職場女性，學會控制自己的情緒，是你必需的功課。辦公室是辦公的地方，不需要將個人情緒帶進職場。這樣的話，不僅影響你個人的形象，也影響了你正常的工作，給別人留下了不好的印象。

每個人都有自己的情緒，而情緒是一種難以捕捉的東西。但是，不管如何，你都需要想辦法將它捏得緊緊的，因為這有時會關係到你在職場上的表現。不要在工作場所流露個人情緒，不要讓個人情緒左右你的工作。你可以委屈，可以痛哭，但不要讓所有人都看到你的脆弱。不懂得控制自己的情緒，也會影響你的職業前途。

耿薇是一家大型企業的部門副經理，她的能力是有目共睹的。可是前幾天，上司竟然提拔了一個無論是資歷，還是能力和業績都不如她的同事做部門經理。耿薇很生氣，平時上司就對這位同事特別照顧，什麼提職、加薪等好機會都想著她。眼看著處處不如自己的同事，一年之內竟被破格提拔了三次，而自己的業績明明高出她好幾倍，上司卻好像視而不見，只是一股腦讓她好好工作。她憤怒了，義憤填膺跑到上司的辦公室去「質問」，上司說她情緒不穩，缺乏自制力。她聽後火冒三丈，辯解道：「我情緒不穩，我缺乏自制力，你以前怎麼不說？」上司被她搞得非常狼狽。

因為這件事，耿薇的情緒受到了很大的影響，同事們輕易也不敢跟她說話了。她是又氣又急，同時她也反省了自己：在工作中，自己的業績雖然不錯，但一碰到讓人惱火的事情，就控制不住了，只憑著感覺和情緒辦事。儘管事後想想不值，但當時就是不能冷靜下來。情緒化的性格是阻礙女性在職場中發展的重要因素之一。如果遇到問題時耿薇能夠控制自己的情緒，冷靜對待，那可能就是另外一種情況了。

有時候，掌控不住情緒，不管三七二十一亂發洩一通，結果會搞得場面十分難堪。生活中，每個人都難免會碰到這種擦槍走火的狀況，但是，聰明的女人有將情緒馬上收回來的本事。與耿薇相比，董彥就是一名很會控制自己情緒的女人。自從當上了部門經理之後，董彥就很注意控制自己的情緒，因為有一件事情對她觸動很大。有一次，一名技術人員因為頭一天工作至淩晨，第二天遲到，影響了整個工程的進展。那天她正好情緒很糟糕，於是不由分說，狠狠批評了那位員工。結果沒多久，這名員工就跳槽了。這件事給我的觸動很大，因為我當時沒能控制好自己的情緒，沒有和他及時深入溝通，結果就給公司造成了人員的損失。現在的董彥已經學會了用理性來控制自己的情緒，因為她不想讓下屬看著自己的「情緒天氣」來工作。「如果下屬看到上司是『陰天』，就會小心翼翼，不敢彙報問題，從而耽擱了團隊的工作進程。」

拿破崙．希爾（Napoleon Hill）——成功學的創始人曾說過：自制是人類最難得的美德，成功的最大敵人是缺乏對自己情緒的控制。憤怒時，不能遏制怒火，使周圍的合作者望而卻步；消沉時，放縱自己的萎靡，把稍縱即逝的機會白白浪費。所以我認為，職場成功的關鍵就是控制自己情緒的能力。相對男性而言，女性更會表達自己的情感。因此，女性就必須掌握控制情緒的能力，盡情釋放職場魅力。

正確調節職場壓力

身為一名職場女性，總是不可避免要接受各種各樣的壓力。因此，最近關於白領減壓的各類報導，總是屢見不鮮。不僅有「枕頭大戰」、「人肉多米諾」等新鮮的減壓方式，還曾出現了上班族「心靈超市」，出售各種只是裝著空氣的「精神產品」。其實，雖然職場壓力不可避免，但只要正確及時調節好自己的心態，你就可以每天以一個嶄新的姿態出現在職場上。

「美女主播」侯佩岑自稱是個生性拘謹的人，只有在特別不開心的時候才希望「休息一天放縱一下」，她聲稱自己的減壓方式是「一日放縱」。遇到情緒低落的時候，侯佩岑往往會尋求甜食的慰藉，「我開心或不開心都來得很快，一些小事就可以馬上讓我開心

起來，比如吃顆糖、喝杯很甜的咖啡；而且我跟家人、朋友都很親近，有什麼心事，跟媽媽出去走走，聊聊天，就會輕鬆很多。」尤其是在沮喪的時候，侯佩岑會想方設法給自己放一天假，「我平時都很拘謹，是一個很有計劃、按部就班的人，偶然也會放縱一下，比如睡到下午兩三點鐘再起來，隨心所欲過一天。」

一位心理學專家解釋說，對於職場女性來說，偶爾的宣洩亦是一種有益的活動。的確，快節奏的現代社會生活中，女性面臨的矛盾和壓力越來越多。就業、升學、與同事之間的相處、與丈夫的關係、撫養孩子、沒完沒了的家務事等，所有這些都會令女性疲勞不堪。如果一味背負這些精神上的負擔，最終會壓垮自己。如同打仗一般，對付壓力最佳的方法就是主動進攻。當女性覺得已經長期處於不安和壓抑時，這就意味著可能已面臨著疾病的威脅。那麼，就要學會宣洩，找到一種最適合自己放鬆的方式。首先要有一個樂觀的心態，感到壓力過大時，就找朋友傾訴，或者讀小說、聽音樂、看電影。

人的發展本來就是曲折前行的，因此在工作中一定要懂得「知足常樂」，低落的時候回頭看看自己的成績，情緒高漲的時候看看前面的目標，寵辱不驚，始終以愉悅的心情對待每一次考驗。當你學會與壓力和諧共處，就能化壓力為動力，在職場上走得更好更遠。

讓自己融入群體之中

如果你是一個獨立個性的人，在進入職場的時候，也要學會將自己儘快融入群體。因為無論你一個人有多大的能力，無論你有多麼出色，這個公司是要靠團隊合作才能得到一個良好的運轉和發展。不要自命清高成為孤家寡人，要跟每一位同事都保持友好的關係。在團隊中，如果你將自己孤立起來，那將是件很危險的事。

小葉是一家公司的創意總監。平時工作兢兢業業，井井有條，可圈可點。但是卻孤僻清高，不講人情。下屬們對此都不喜歡卻也不敢多言。而小葉自己認為，我有的是能力和實力，其他的不重要。然而好景不長，不久，部門經理找小葉談話，原來是下屬們一起向部門經理反映小葉太孤僻，大家都敬而遠之，合作起來太難，工作效率不高。部門經理說：「雖然您的才華和能力是無可挑剔的，但是您一個人也不能當一組人來使用。這是站在公司立場上說的。」小葉就這樣失去了原來的位置。

處在職場中，沒有那個位置是長久為我們保留的，時刻都是岌岌可危的。一個公司就是一個整體，如果你不能融入，不能和同事們保持良好的關係，那麼，你已經站在這個公司的門外。

在一個花園裡，美麗的紅玫瑰引來了人們駐足欣賞，紅玫瑰為此感到驕傲。紅玫瑰旁邊一直蹲著一隻花青蛙，紅玫瑰嫌它跟自己的美麗不諧調，強烈要求青蛙立即從她身邊走開。青蛙只好離開了。沒過多久，青蛙經過紅玫瑰身邊，驚訝地發現它已經凋謝，葉子和花瓣都掉光了。青蛙說：「你看起來很不好，發生了什麼事情？」紅玫瑰答道：「自從你走後，蟲子每天都在啃食我，我再也無法恢復往日的美麗了。」青蛙說：「當然了，我在這裡的時候幫你把它們都吃掉，你才成了花園裡最漂亮的花。」

有許多人都像紅玫瑰一樣自命清高，總認為別人對自己一點作用都沒有。其實，我們每個人都有需要他人的地方。一個團隊的成員不應該只注意個人名下的輝煌業績，而是要看到在其背後的團隊支持。企業發展最終靠的是全體人員積極性、主動性、創造性的發揮，有團隊才有個人，每個人都要積極融入團隊中。

要想保持自己不在公司裡「消失」，就要融入同事之間，成為公司大海裡的一滴水。融進人群裡，缺點漸漸被人群所掩蓋，大家熟悉了之後，會有意識包容對方，缺點一旦被人包容了，不凸現出來，也就無所謂缺點了。這是某種意義上的完美。所以，敞開心扉去融入你所在的群體吧。愛默生說：「找到朋友的唯一辦法是使自己成為別人的朋友。」先去包容對方的缺點，把對方包容成一個「完美」的人，對方會因此喜歡你眼中的自己，也就樂於與你做朋友，反過來也會包容你的缺點，將你包容成一個完美的人。這便是人際交往中最完美的境界。

職場有個「天條」：你有多少能力不重要，重要的是，誰認可你，誰願意用你。成功人士都經歷過從「能幹的人」到「團隊好夥伴」的過程，人在職場往上走的過程，其實就是被團隊認可的過程！在職場裡，你永遠不可能一個人在奮鬥，因此融入群體是你職業成長的必經階段。融入群體之中，被群體接受的程度高，你也可能會獲得更多的發展條件和機遇。作為具有獨立個性的你，在團隊這個大家庭裡必須融入群體中去，才能促進自身發展。

職場有「地雷」，不可不防

白領女性行走在職場上，有一些精彩也有一些無奈。身在職場就如行走在江湖一樣，江湖上有許許多多是非恩怨，職場上也更勝一籌。江湖事要按江湖事的規矩來辦，職場中當然也要遵守職場上的規矩。

職場中，為什麼有的人如魚得水，在自己的崗位上做得風生水起；而有的人卻工作得十分失意，悲愴萬千呢？其實，那些失意的人很可能是被職場「地雷」所雷到了。職場上有的規矩是外在的，人人只要遵守就行了；可是有的地雷卻是潛在的，看不見摸不著，如果你不懂得避雷的話，就很可能被擊倒了。許多職場「菜鳥」僅憑一腔意氣在職場上橫衝直撞，屢踩「地雷」而不自知，最終受傷的是自己。因此，作為職場新人，你的第一門功課就是要學會巧妙「避雷」，保護自己不要被職場潛規則炸得找不著北。

- **不要和老闆太過親密**：與上司搞好關係，但也要懂得掌握這種距離和分寸，不然就會導致一些不必要的麻煩。老闆永遠是老闆，是你的上級，千萬別因為老闆賞識你而得寸進尺，忽略了你們之間的距離。老闆一般時候也許可以維護你，但一旦發生情況時，你一定只是他手下的一個棋子而已。

- **該閉嘴時就閉嘴**：公司是個相對封閉的小環境。所以有什麼謠言的話，也是很容易一傳到底的，即使再要好的同事之間也不要議論別人的是非。有時一個部門的同事自然而然聚在一起吃飯，就算大家都在議論某些和工作有關的事或人，你也一定要克服自己想插嘴的渴望，緊緊閉上你的嘴唇，或者乾脆埋頭吃飯。還有很重要的一點，就是不要在洗手間裡隨意發表意見，談論自己的上司。有時偶爾的一個疏忽，圖了一時痛快，說不定就得罪了某扇門後的同事，自己還不知道。

- **不要掩藏自己的努力**：如果你的工作能力不是特別突出，難以達到出類拔萃，那麼你就應該想一些讓人同樣可以關注你的辦法，其實很簡單，那就是虛張聲勢。比如，天天上班一進辦公室就要表現出一派忙碌的景象，打開電腦，滿桌的文件。當你在安排工作、負責聯絡時，接電話的聲音也可以適當放大聲些，這樣即使你不說，但別人也同樣會知道你又在聯絡哪個客戶了。時間長了大家都會形成一種印象：你是個好職員。你在公司人眼中的重要性，就會給你提供更多的加薪、晉升以及受尊重的機會，這是再怎麼努力工作也永遠比不上的。這樣總比你一聲不響埋頭苦幹而不被人知道要好得多。

· **不要自以為是**：小齊在一家廣告公司做文案，自認腦細胞發達的她很反感別人改動他的稿子。但客戶總是挑剔的，常常將她的原始文稿改得七零八落，每每這時，她就會很「鄭重」地對客戶說：「請不要跟人說這是我寫的，這不能代表我的水準。」有時，公司會安排她說明客戶寫一些軟廣告。她總是推脫，因為他覺得很多廣告都誇大其詞了，是騙人的。有一次她對自己的老闆說：「我不想寫那些騙人的軟文，我過不了自己良心那關。」老闆說，那算了。她心裡很是得意了一陣子，覺得自己很有個性，堅持了自己的原則。可是幾個月後，老闆請她走人了。

正直是一種可貴的品格，可是不能用錯了地方。很多事，並非只有黑白兩面，不能用簡單的對與錯概括。作為一個「社會人」，我們不能改變這個社會，只能改變自己去適應社會。在職場中，過分張揚自我標榜個性，難免碰壁。表達觀點是你的權利，但聰明的人懂得考慮別人的感受，以迂回婉轉的方式提出自己的訴求。

白骨精的加減乘除經

那些在職場幹練優雅的「白骨精」（白領、骨幹、菁英）們，到底念的是什麼心經呢？數學「加減乘除」法存在於我們現實生活中的各個領域，職場也不例外。作為新時代的女性，要切記「加減乘除職場經」，「加」，就是要充實自己的實力資本；「減」，就是簡化自己的其他資訊；「乘」，就是放大你的專長；「除」，就是除去陋習。運用好「職場加減乘除經」，您的職業生涯必將更加順暢。

加法：能力加一點，素養加一點

楊瀾曾說過：「在我職業生涯的前十五年，我都是一直在做加法，做了主持人，我就要求導演：是不是我可以自己來寫臺詞？寫了臺詞，就問導演：可不可以我自己做一次編輯？做完編輯，就問主任：可不可以讓我做一次製片人？做了製片人，就想：我能不能同時負責幾個節目？負責了幾個節目後，就想能不能辦個頻道？人生中一直在做加法……」她之所以成功與她抱有這種職場「加法」是分不開的。

無論初人職場還是在職多年的人，不斷提高、拓展自己的能力和素養，不僅是在一步步登臨新的臺階，也是一種積極的人生態度，而且更有利於職場中人更好發展。而對於剛剛求職的青年們來說，這樣的加法更加容易勝出。

有個同學本科畢業，最初到深圳的一個月裡，到數家公司求職，希望能應聘到主管之類的職務，結果屢屢失敗，因為應聘的人太多了，你有大學文憑，人家也有，甚至有碩士研究生文憑。

他想先找個差點的體力活幹起來，站穩腳跟再說，但仍然不行，老闆一看張曉軍是大學學生，又戴著一副近視眼鏡，便說：「你一個大學生做得了這苦差事？我寧願要一個沒有文化的民工，也不敢要你。」吃一塹長一智，後來張曉軍拿出自己的高中文憑去應聘清潔工，主考官看張曉軍憨厚的樣子，又看了看他的高中文憑，當即同意聘用。張曉軍十分珍惜這個機會，他工作任勞任怨、兢兢業業，把負責區域打掃得乾乾淨淨、一塵不染。老闆看在眼裡，想提拔張曉軍當部門主管，但首要條件必須是大學生。這時候，張曉軍亮出自己的大學文憑，遂坐上了部門主管的交椅。

從最底層做起。只要你有真才實學，加上勤奮努力，就一定會脫穎而出。

減法：私心減一點

劉墉大學剛畢業時，一家電視臺請他去主持一個節目，那節目的導播看他文筆不錯，又要他做編劇。可領酬勞的時候，導播不給他編劇費，還扣了他一半的主持費。當時他沒吭聲照簽了。後來那導播又找他，他還「照樣」幫他做了幾次。最後一次，導播沒扣他的錢，而且對他變得很客氣，因為他被總經理看上成了電視記者兼新聞主播。後來，他發現導播每次見他笑得都有點尷尬。他也曾想去告導播，但又想到沒有導播他能獲得機會嗎？何況導播已經知錯了。

心底無私天地寬。大度胸懷有捨有得。得饒人處且饒人。職場中人，和諧協作，和平競爭，團結友誼，在工作的同時也令人快樂著。

乘法：專長要「乘」

程梅的專長乘以方法無疑讓人讚賞。她是文祕專業的大專畢業生，而且沒有實踐經驗，她求職之艱難可想而知。一次次碰壁，讓程梅有些氣餒。不過她有一個專長，就是鋼筆字寫得特別好，在全國書法大賽中還得過獎。多次求職失敗後，程梅決定利用自己的專長試一試。她將自己的作品和書法大賽的獲獎證書帶到求職現場，交給考官過目。求職填表時，程梅都把字寫得工工整整、漂漂亮亮。終於，她在應聘一家私企的祕書職位時，考官一眼就相中了她字跡娟秀的鋼筆書法，於是從眾多應聘者中錄用了她。

程梅是個聰明人。在人潮洶湧的求職大軍中，她並沒有較高的學歷，也沒有豐富的實踐經驗。但她了解自己的專長，知道如何放大自己的專長，並在求職的時候適時展示，於是得到考官的認可。

除法：不好的習慣「除」

小秦剛進職場時，一切都非常順利，唯一不好的是她做事沒有計劃，總是手忙腳亂的，卻一件事情也做不好。因此為了完成任務，她總是需要加班才能完成。表面看起來她工作很努力，其實她是做事沒有條理，沒有計劃，分不清輕重緩急。後來，她看到同事有一個小小的記事本，把自己每天需要做的事情陳列清楚，而且先做什麼後做什麼，一目了然。從此，小秦也學會了這個方法，做起事來既輕鬆又有效率了。

辦公室戀情，三思而後行

辦公室戀情絕對不是一個新話題，支持者與反對者意見各異。然而在工作日益繁忙的現代社會，上班族天天加班，根本就沒有足夠的時間去發展公司外的愛情，越來越多的人將目光瞄向了與自己一同工作的同事，office romance 越來越流行。

很多職業女性、高級白領隨著工作經驗的豐富、職位的上升，薪水越換越高，已經成為公司的中堅力量。她們的外貌、氣質很好，工作、生活的能力也很強，可至今仍是單身。事實上並不是她們有什麼問題，而是不知道從什麼時候起，許多白領達成的共識就是：別和工作夥伴、生意夥伴談情說愛。這其中似乎也有一定道理。

然而，即使大家都知道辦公室戀情很危險，可是很多女孩還是忍不住去嘗試。畢竟愛情該來的時候就來了，誰也擋不住的。

田園今年二十六歲，在一家小公司辭職後不久，就在在一家知名企業中找到了一份行政管理工作。雖然只是一個辦公室職員，但是田園覺得能在這樣的大公司裡得到鍛練，是一件很幸運的事，於是她倍加珍惜這份工作。來到公司大約兩個多月，勤奮好學的她一直受到上司的讚許，逐漸開始承擔更多的工作。但工作壓力確實很大，有時候田園會覺得忙得喘不過氣來。

一次，田園在加班的時候忽然覺得腹部劇痛，冷汗直冒，一時間支撐不住，「啪」的一聲暈倒在桌子旁邊。這時候，她的部門上司余杭連忙把她抱了起來跑下樓，並將她送到了醫院。由於她得的是急性闌尾炎，需要住院幾天。在她住院的那幾天，余杭天天跑來探望，就這樣兩人之間產生了感情。余杭今年三十歲，是公司裡的網路營運總監。由於公司非常排斥辦公室戀情，所以，田園就和他搞起了「地下情侶」。雖然他們都恪守著這個祕密，但是同事們都看出了一點端倪，不時有同事以「余夫人」開田園的玩笑，而余杭則繼續扮演他的「黃金單身漢」。

幸福的日子往往是短暫的。一次，田園和余杭在一家西餐廳吃飯時，被公司裡的副總經理看到了。戀情被曝光了，田園的心裡開始忐忑不安起來。該來的事情還是來了，幾天之後，田園被人資找去談話，雖然話說得很隱晦，但是意思卻非常明白——公司容不下辦公室戀情。如果還要在一起，要麼她辭職，要麼余杭離開。正當她想要去和余杭商量的時候，余杭鄭重對她說，他不能辭職，只有田園辭職，才是保住這段戀情的唯一方法。在一剎那，田園看到了這個男人的自私，於是第二天，田園向公司遞交了辭職申請，當然也告別了她的愛情。

剛上班的女孩具有許多優勢：單身，年輕，新潮，美貌，具有高學歷，勇於挑戰新工作等，她們很容易受到異性的青睞。俗話說「近水樓臺先得月」。相處時間長了，有了感情，兩人便成了戀人。但是有句話說得好：愛情和事業是人生的兩條路軌，只有當兩條路軌並行時，才能將人生駛向幸福的彼岸，但又有誰能夠真正將愛情和事業擺平呢？就算是有心，往往也會力不足。女孩在辦公室戀情中往往會成為受害者，丟了工作又丟了愛情。

因此，對於每一個辦公室女孩來說，面對辦公室戀情，千萬要三思而後行。

第六章　雅致心境昇華女人味

很多女人都在積極保養自己的身體，有時卻忽略了自己心靈的保養。心靈是女人最柔和的地方，你的美麗，你的多彩，只有由內而外綻放，才能使你美得自然純化、渾然天成。

擁有了一份雅致心境的女人，是就擁有了一個平和的心態，一顆寬容博大的內心，她不會在人生的起伏中大喜大悲，更不會被打倒；擁有一份雅致心境的女人，就擁有了一種生活的智慧，一份超越自我的能力，她彷彿風中的薔薇，永遠以一個美麗的姿態肆意綻放。

慶幸此生我是我

小的時候，我們會羨慕那些成績優秀的同學，希望自己可以和她一樣受到老師的關注；長大一點的時候，我們又羨慕那些打扮得很漂亮的女孩；十八歲的時候，我們渴望考上大學……有很多的時候，我們會對自己不滿意，不滿意自己的人生，總是羨慕別人的好。看著別人火樹銀花的人生，不免羨慕又妒忌。

認可自己並喜歡自己，是人生的第一件事情。有的人認可自己，所以她樂觀開朗、自信大方，周身洋溢著一種陽光的氣息，而有的人卻總是否定自己，所以整天生活在一片陰霾之中。只有自己喜歡自己，你才可能在這個世界上努力展現那份獨屬於自己的美。

「我的命運真差。」一位女人向大師抱怨自己的命運。

「命運都是由自己造成的。」

「怎麼會呢？生在這種家庭難道是我造成的嗎？」女人說：「如果我不是現在的父母所生，如果我是生長在另外的家庭，我的命運絕對會不同。」

行吟禪師告訴她：「如果你生長在另外的家庭，你將經歷不同的命運，將變成完全不同的另一個人，在那種情況下，你將不再是『現在的你』。然而既然不是現在的你，你又怎麼能以『我的命運』來說呢？因為那個人已經不是你了，不是嗎？」

是啊，無論你出身在一個什麼樣的家庭，無論你經歷了什麼樣的人生，那都是你自己的人生。當你因為羨慕別人的人生，而試圖和別人交換時，你已經遭遇了心靈上的困境。曾經有一個乞丐羨慕高高在上的國王，可是國王卻很羨慕整天無憂無慮的乞丐。其實，任何一個人的人生都有屬於自己的精彩，又都在經歷著各自的悲歡離合。既然，上天給了我們生命，我們的人生的旅程已經啟程了，我們不妨專心走好自己的路，用心體會這一切。當你張望別人的人生時，別人也可能在張望著你，你羨慕她的精彩，她可能會羨慕你的灑脫。別人的人生不可能複製，只有自己才能成就自己的傳奇。

對於熱衷時尚的女人來說，可可．香奈兒絕對不是一個陌生的名字，她從一個貧窮的孤女到一個著名的時裝設計師，留給了世人無數的謎團，成就了一個傳奇。當然別人議論最多的就是，她是怎麼做到的——從一個孤女成為一個享譽世界的名人。

年少的時候，可可．香奈兒經歷著自己痛苦的童年。可可．香奈兒是個私生女，沒有父親，而她的母親在她十二歲那年也去世了，於是她被送進了孤兒院，在那裡度過了少年的黯淡時光。那時的她是多麼的卑微，多麼的渺小，唯一的願望就是可以吃飽穿暖。她也痛恨過自己的出身，痛恨過命運的不公平。但她與別人不同的是，她願意改變自己，而且她立志要做一個了不起的自己。

她努力去尋找改變自己命運的方法。十七歲時，可可．香奈兒在修道院裡學會了針織手藝，並可以透過針線活來養活自己，她懂得了自立。十八歲那年，她就到一家商店做助理縫紉師來養活自己。二十多歲時，她在一個騎士的資助下，開了她的第一家帽子店。一九一二年，香奈兒又在法國上流社會的度假勝地——諾曼第海邊小城開了自己的第一家服裝店。一九一四年，香奈兒在巴黎設立了工作室。到一九三〇年代初她的工作坊已擁有四千名職工，年服裝銷量達兩萬八千套。香奈兒取得了非凡的成功。

香奈兒一生有許多知名男友，包括俄羅斯作曲家斯史特拉汶斯基、詩人列維第等，最有名的當屬英國西敏公爵。但香奈兒卻一直堅持獨身，用她自己的話說，這是因為她「從來都不願像小鳥一樣依附於某個男人」。當西敏公爵向她求婚時，她拒絕道：「這世界上有許多公爵夫人，但只有一個可可．香奈兒。」

可可．香奈兒成就了一個非凡的自己，她從沒有被命運嚇到過，她從來不懷疑自己的實力，她所做的只是做好自己，她可以很驕傲地說一句：「慶幸此生我是我」。

在香奈兒的一生中，她總能及時而又準確定位自己，並做出理智的選擇與決定。她的服裝幾乎征服了所有女人的心。她用她的行動告訴了每一位年輕的女性，一定要學會認可自己，你不需要去羨慕別人的人生，你想要的一切可以透過自己的努力去得到它。只有自己親自走過，人生才會向你展開精彩的一面。

只會羨慕別人的人是被動的，不會欣賞自己的人是愚昧的。不同的人生總是會有不同的美麗，我們無須去抱怨，而要從不同角度來收集所有的美麗。在電視劇《我的青春誰做主》裡面，錢小樣是一個出生於平凡的家庭的普通女孩，雖然她相貌不算漂亮，學問一般，沒有一技之長，胸無大志，犯錯不少。但是她敢於向不平凡、向自我實現、向成功進發，她要把自主權牢牢掌握在手裡！

無論你是誰，無論你走到哪裡，請一定要為自己喝彩，慶幸此生我是我，希望著我的希望，奮鬥著我的奮鬥。做好自己比羨慕別人要明智得多。

脫離青春期的憂鬱

處在青春期的女孩，都有一種憂鬱的心結凝在眉頭。你不知道她為何傷神，也不知道她為何而落淚。就像瓊瑤的小說《窗外》裡的女主角江雁容，楚楚動人，敏感而憂鬱。青春的季節，是花和雨的季節，年少的我們輕輕觸摸到了世界的美好，卻也為這單純的欣喜和易逝的美好而倍感傷懷。

憂鬱，那是青春期女孩特有的氣質。你無須打擾她的悲傷，她的落淚，隨著時光的流逝，隨著年齡的漸長，她學會了將那份「為賦新詞強說愁」的傷感沉澱在心裡，她漸

漸長大，眉宇之間的憂鬱逐漸散開，取而代之的是一份淡定和從容。這樣的女孩，令人欣喜，令人感動。

可是如果你已經過了二十歲，如果已經逐步踏進這個社會，就不要再被憂鬱的心結所纏繞。黛玉的憂鬱和感傷，也不過是十幾歲時的事情，她的葬花的舉動也只適合青春期的女孩子。也許這個世界並沒有你想像的那般美好，當必須獨自一人上路時，卻發現步步受阻，所有的不如意鬱結在心底，你開始哭泣，開始無助，多想有個人幫你一起來承擔這些痛苦和壓力。可是，你忘了，在這個世界上有誰可以陪你一輩子呢，誰也不可能像孫悟空一樣幫你化解一切難題。已經長大的你，必須學會承擔生活中的一切，包括快樂的以及不快樂的。脫離了青春期的憂鬱，你才可能做一個更加精彩的自己。

大學剛畢業時，寧卉有著五彩斑斕的夢想。熱愛文學的她希望自己可以在這個領域有所發展。懷著對戶籍制度的冷眼和對事業公司穩妥生活的鄙視，寧卉放棄了帶指標的公司，進入了一家雜誌社上班。實習期薪資很少，寧卉不分晝夜工作，眼睛也因經常熬夜總是帶著黑眼圈，吃的是最便宜的盒飯，住的是一間很小的房間，但這些寧卉都不在意，因為她相信一切都會好起來的。然而競爭是殘酷激烈的，一次次創意被否定，一次次被批評，寧卉對自己的能力產生了懷疑。她開始焦躁不安，陷入了深深的憂鬱之中。

在她迷茫不安的時候，她學會了去酒吧喝酒，一個原本單純可愛的女孩子把自己裝扮成一副歷經滄桑的樣子。

在酒吧裡，寧卉遇見過很多個過了青春期卻依然心存憂鬱的女孩，不過別人的憂鬱和頹廢大多是因為愛情。有人因愛情而美好，也有人因愛情而墮落。這些女孩沒有趨向陽光去成長，而是將自己躲進這些陰暗的角落裡自怨自艾。她們迷戀虛脫、痛苦，著迷無力自拔的感覺，好像水生的植物一樣四處搖擺，找不到生命的重心，唯有痛苦憂鬱才能帶給一種真實的感覺。她們無限放任自己，依靠著悲劇的慣性，越痛苦越墮落，直到自己無力掙脫和反抗。這樣的女人從來不積極面對自己，尋找生命的出口，而是一步步把自己逼向黑暗的深淵。寧卉看著她們的樣子，最終倉皇而逃了。她不要像她們一樣躲在陰暗處去生活，她要迎接陽光，迎接一切痛苦和挑戰。她覺得自己不再是一個小女孩了，她要為自己的人生負責。

青春期很短暫，我們還在獨自憂傷時，就不知不覺已經走進了社會的大門。這個真實的世界裡，不像小說那般精彩，也不像電視劇那麼煽情。我們必須學會在跌倒時迅速爬起來，面對欺騙，面對傷害，也要抗得住。生活的磨練不是要打垮我們，而是要我們學會更加堅強面對人生。既然已經走出了青春期，就讓你眉宇之間的憂鬱逐漸散開吧用一份淡定和從容去取而代之。這樣的女孩，令人欣喜，令人感動。

別人晒，妳傷了嗎

最近，同學們雖然都不常見面，但只要一上通訊軟體、社群網站、部落格，就會發現一些生活精彩的同學不斷傳照片，寫部落格，不是晒又去某個地方旅遊了，就是晒她和她的Mr. Right的親密照。大家雖然不動聲色，只是觀看，但都是一番搏鬥。你晒了，我更要晒。你幸福了，我比你更幸福。也有一些人習慣了沉默，大家看不到她的任何行蹤和生活狀況。她總是一邊觀看別人晒的內容，一邊內心深處激出一股憤怒。心想真是一群暴露狂，奮力高歌自己每個最能炫耀的片段。當然憤怒的人，肯定是晒無可晒的人。別人愜意著，她受傷著；別人高興著，她鬱悶著。

同學小林和同學小李是曾經最好的一對朋友，可是畢業後她們卻過著不一樣的生活。小林畢業後來到北京打拚，是一個文藝女青年懷揣夢想上京的典型例子，當然她也是和大多數北漂族的命運一樣，過著一種雖充滿激情卻又傷感的生活。曾經的她喜歡將自己的感情流露出來，寫在空間日誌上，寫在博客裡，後來她已經沒有了這種訴說的欲望，因為她覺得這樣的感情發在自己的心裡最好，也許直到有一天她終於夢想成真，她可以很戲劇性淚流滿面說：「感謝生活，感謝那些迷茫和磨難成就了我。」可是現在的她，只會上傳一些自己出去玩的照片來表現自己的生活和狀態。照片上的她總是熱情洋溢笑著，彷彿沒有一絲的憂愁，是的，她只想讓別人看到她過得好，她不想讓別人知道她的那些不好。小李則和她不一樣，她覺得自己待在家裡最好不過了。陪在自己的父母身邊，找一個安穩的工作，有一個看起來還好的男朋友就很不錯了。小李沒有什麼出色的人生經歷可晒，她能晒的就是她和她的男朋友的幸福，以及他們甜蜜的婚紗照。小李以前不愛寫東西，現在卻喜歡上了寫日記，她寫她的戀愛，寫她的小感動小悲傷。小李一邊懷揣著幸福，一邊羨慕著小林的多彩人生。小林一邊鄙視著小李的燕雀之心，又羨慕小李簡單的幸福。總之，大家都是靠有意無意晒自己，用優越感搭起高高的階梯，傷人於無形。

這是一個晒的年代，也是一個被傷的年代。每每看到別人比自己過得精彩，大家就感到非常的不爽。有一次，莫莫在公車上的移動電視裡，看到了一位年輕而美麗的女孩為自己寫的新書做宣傳，莫莫的內心一下子就傷透了。天哪，她不僅年輕而且還那麼美麗，她寫的是純文學而且還那麼暢銷，她不僅書寫得好，還會彈鋼琴，會畫油畫，她甚至可以去香港念書……與別人那麼精彩的人生相比，自己的人生似乎太過晦暗了。這天，莫莫都沉浸在那種很受傷的情緒之中，她趕忙買來那個女孩的書來看，好發掘出她的不足來平衡自己內心的嫉妒。就在那一天中，莫莫的情緒發生了很大的變化，原本很精神很樂觀的她一下就悟出了人生的無趣。她向朋友感慨：人生真的是太淺薄了，我們真的是太淺薄了，瞧瞧人家的生活，瞧瞧我們的生活。有的時候，我們並不是主動了解別人的生活，我們在被動接受了這個資訊之後，內心就開始不平衡，看看別人的精彩，自己真是自慚形穢。

網路為我們大家開闢了一個彼此窺探的空間，我們在自己的生活裡總是不能自我平衡，非得和別人比一下才行。我們喜歡去炫耀一下自己的生活，熱烈期待別人來觀看，來評論、來羨慕、來嫉妒；我們也喜歡去窺視別人的生活，或嘆息、或吃驚、或不屑、或羨慕、或嫉妒。我們一邊晒著，一邊傷著，內心失去了平衡，人生充滿了戲謔的味道。

很多年不聯繫的朋友，在通訊軟體上見了面不妨打個招呼。你生活在她隱形的世界裡，她也同樣生活在你隱形的世界裡。你們彼此相知對方的狀況，卻不肯親自開口真誠問候一句。她成了你生活裡的過去式，成了你或晒或傷的對象，卻唯獨沒有朋友之間的意味了。生活的競爭使我們越發變得冷漠，趁著有精彩趕緊晒，只要不把悲傷外露。你成了眾人視野裡的一片雲，悄悄走遠，只留下了一個虛幻的生活碎片。

當夢想照進現實

年少的時候，每個人都有自己的夢想。然而對於已經長大的我們來說，夢想很多時候是個傷感的東西，它被我們放在了心裡的某個角落裡，不敢輕易去觸碰它，等我們看到我們曾有的夢想被別人實現的時候，內心忍不住一陣疼痛，又將自己已經塵封的夢想拿出來悼念一番。當夢想照進現實，生活變得不再鮮豔。和當初美好的憧憬相比，現實的反差讓我們感慨良多。

擁有夢想的人很多，實現夢想的人卻很少。當我們走到匆忙的大街上，看到那些在天橋上面背著吉他唱歌的年輕人，內心忍不住一陣感動。不管他們身處什麼樣的環境，不管他們離自己的夢想還有多遠，至少他們對夢想是堅定不移的。很多時候，我們並不是被所謂殘酷的現實打敗的，而是被我們自己打敗的。

當夢想照進現實，你是否有勇氣繼續你的夢想。

很多年前，為了成為一個舞者的夢想，二十歲的瑪丹娜（Madonna）隻身來到紐約闖蕩。她的身上只有二十七美元，而她的夢想之路就是從這二十七美元開始的。她追求夢想的過程十分曲折——交不出房租、靠當廉價模特兒糊口，孤立無助忍凍挨餓受人譏諷。後來她誤打誤撞參加了樂團才跟音樂界沾上邊，之後又認識了伯樂，將她引見到主流唱片公司，並拿到了她的第一張唱片合約，這是一個令她非常滿意的結果，她是一個歌星，而且她還會跳舞。於是她邁上了演藝生涯的第一步……瑪丹娜是真正的硬咬著牙一步一步成為著名的明星的。她的經紀人如此這般評價她——瑪丹娜有種強烈的男子氣，她以男人征服女人的方法來征服男人。

即使後來瑪丹娜已經成名，但遇到自己想要去完成的事情，她都會認真去面對。當電影《阿根廷，別為我哭泣》挑選女主角時，熱愛貝隆夫人這個角色的瑪丹娜寫了四頁親筆信給導演來推薦自己，並專門學習聲樂三個月。光在錄音棚就錄了四個月，每週七天，四十九段音樂就錄了四百多個小時。當她在電影中演唱「別為我哭泣阿根廷」時，四千名群眾演員和攝製人員都被深深感動，以至人們都瘋狂了。她用自己的實力征服了無數的人，她向所有的人證明了自己並不只是一個娛樂明星，也是一個有思想、有內涵的嚴肅女演員。

很多年輕的女孩子和瑪丹娜一樣，懷揣著夢想來到各個地方，她們也希望自己的夢想可以開花結果。可是很多時候，現實的殘酷讓她們退縮了，她們開始懷疑自己的能力，並最終選擇了放棄。

日本漫畫家高木直子的漫畫《一個人上東京》，以自己為原型，用幽默的漫畫記述了一個獨自在外闖世界的女孩子的喜怒哀樂。因為「想去東京當插畫家」的夢想，高木直子一個人離開老家到東京去闖蕩，她也曾因對未來未知的不安而打起退堂鼓，卻又擔心別人笑話而強迫自己堅持了下來。當到東京時，她遇到了各種各樣的困難：在猶如迷宮般的地鐵裡會迷路，遇到怪怪的推銷人員，面試失敗……一時找不到合適的工作，她只好去壽司廠打工，迷茫的時候她也會想「我到底離開老家做什麼呢？」「搬到這裡是不是一種錯誤呢？」但是，無論遇到什麼樣的困難，高木直子最終堅持了下來。六年之後，她實現了自己的夢想，成了一名出色的插畫家。

也許你有著和高木直子相似的經歷，當你在讀著漫畫時，不禁會心裡一顫，好像她就是另外一個自己。她的不安你也曾有過，她的焦慮你也曾經歷過，既然追逐夢想的過程就是要歷經坎坷，我們為什麼不給自己一個機會，堅守住自己的夢想呢。有的時候，也許只因為你堅持了那麼一下，事情就有所改觀了。

如果你不想讓你的美好夢想隨風而逝，不想在驀然回首時深深發出一聲嘆息，那麼請堅守住自己的夢想，總有一天你會破繭成蝶，綻放出你的美麗。

學會發現生活裡的美

女孩到了二十幾歲後，就要逃離那些灰暗的小說，它只會讓大家與悲傷越貼越近，生活並不是小說裡情節的翻版。不要總提醒著自己遇到的不幸，要知道在這個世界上有著很多人比你還不幸，只要能夠抬頭看到陽光就是幸運的，那些生活裡的挫折比起一個人的人生它只不過是一個再小不過的插曲。想在這個社會上立足，就要有平和的心態，在患得患失的人生裡，我們時刻都在選擇著，也被別人選擇著，我們應該有著阿Q精神，痛苦與快樂的生活都是我們選擇的，為什麼要讓自己沉溺在痛苦中呢？

有些人因為情感或工作上的挫折而讓自己陷入一種不幸的思想中，而導致著她們會成為悲觀的人，不管做什麼事情都有著恐懼，怕輸，或是覺得自己不會成功。一個人把自己標榜成什麼樣，她就只能生活在自己給自己設下的心牢裡，誰有資格說自己不會成功？誰敢說自己不會成功？想成功的人都是樂觀的人，悲觀永遠都是成功的阻礙，只有積極向上的情操才會讓生活變得美好，相信明天一定比今天會好，只要你努力了，社會一定是公平的，不要報怨生活，否則只能證明你自己沒有真正努力。

法國雕塑家羅丹曾說過：「美到處都有，對於我們的眼睛，不是缺少美。而是缺少發現。」生活趨於平淡的時候很多，但試著去發現生活中的另一種美，也是一件讓人很愉悅的事情。生活中處處存在著美。家裡面井然有序，窗明几淨，各種家什擺放錯落有致，這是一種整潔的美；端莊秀麗，靜謐可人，這是一種沉靜的美；落落大方，清新自然，這是一種自信的美；平和瀟脫，超然物外，這是一種閒適的美；粗獷豪放，不拘小節，這是一種大氣的美。美的感覺存在於心中，很多時候無法用文字表述出來，很多美好的思緒在腦海中一閃即過，無法捕捉。美不是空談，而是要去體驗、去感受、去欣賞。

倘若說欣賞自然之美需要睿智和一雙善於發現真諦的眼睛，那麼欣賞人間真情，則需要有細膩的情感。在高速發展的現代社會，大多因生計而疲於奔波，身邊的零散瑣碎的事情往往被忽略了，漸漸把日子過得淡然無味，一頭霧水，不知道生活到底為了什麼？

常常感動於親情的溫暖，感動於朋友間情誼的真摯，可當有人溺水時，岸上的人或許大聲呼救，或許焦急萬分，但無論如何最感人的還是縱身跳下去救人的那個人，這是一種真誠無畏的美。人在落魄時，萎靡不振，孤獨無助，那個能助你排憂解難的人，恰似明月的青輝毫不吝嗇傾灑入你的心田，當時那種誠摯而熱心的美會感動你一生。具有先天缺陷的人，常常感動生活的苦澀，上蒼的不公正，那個能助你撫慰心靈創傷、改變你命運的人總是叫人敬佩，這種無私而拯救心靈的美會讓你永世不忘。

身邊的瑣碎事情看起來淩亂而繁雜，不經意中大多放棄了，長時間的漠然必然麻木不仁，也就無從談起美的存在。

欣賞美其實很簡單，如果你對內在世界的美麗漠不關心，那你無論如何也看不見外在世界的美麗。摒棄掉偏見和固執，一種前所未有的美就呈現在你眼前了，因為美就在你的心中。找到心中的美，生活中處處都能找到美。美的極致便是安詳，美是一種毫無目的的愉悅。人如果能拋棄偏執，丟下無謂的煩憂，哪怕一片樹葉，一朵小花，都能發現它的美，只要用心，生活中的美和喜悅便會不請自來。生活不都是快樂和幸福，同樣生活也不可能全是落寞和寂寥。用一種欣賞美的眼光去看看陽光和雨露，恬淡而愉悅，用一種欣賞美的眼光去看看花草樹木，清新而爽快，用一種欣賞美的眼光去看看大海，遼闊而深遠……

生活中的美充斥在各個角落，需要的是你學會發現，學會欣賞。練就一種修養、一種品味去適時捕捉和欣賞生活中的美，為心靈開一扇窗，讓智慧的光芒和生活中眩目多彩的美呈現在你眼前。

傾聽自己的心聲

心聲是一種來自心底的呼喊，心聲是心靈深處最真誠的聲音。傾聽自己的心聲，你才知道你真正需要什麼。很多時候我們在這個人云亦云的社會裡茫然而不知所措，那是因為很多時候，我們都在跟隨別人的步伐行走，而忘記了自己。曾記得一本書中說過，每個人都有一個內心深處的守護者，一個真正懂得自己的人，不管是惡魔還是神仙，那都是最原始的自己。傾聽自己的心聲，你才能做一個真正的你。

很多時候，我們的內心都為外物所遮蔽、掩飾，因此在人生中留下許多遺憾：在學業上，由於我們還不會傾聽內心的聲音，所以盲目選擇了別人認為最熱門、最有發展前景的專業；在事業上，我們也不去關注內心的聲音，在一哄而起的熱潮中，我們也去選擇那些最為眾人看好的熱門職業；在愛情上，我們忘記了愛情的真諦，而是因外界的作用扭曲了內心的聲音，因經濟、地位等非愛情因素而錯誤選擇了愛情對象……我們都是現代人，現代人慣於為自己做各種周密而細緻的盤算，權衡著可能有的各種收益與損失，但是，我們唯一忽視的，便是去聽一昕自己內心的聲音。

有的時候，事情並非那麼複雜，只是我們瞻前顧後考慮別人的想法，而忽視了自己內心的真實感受。當你迷茫和困惑的時候，一定要記住：讓自己的心做選擇。

身為一個女孩子，如果不能夠傾聽自己的聲音，不知道自己要的是什麼，不懂得掌握人生的主動權，那麼她永遠是被動跟著環境的變化是變化。也許父母曾為你設計好了人生之路，也許你的另一半也對你的想法有所干涉，於是你在很多事情上盲從於別人，似乎很難去做自己喜歡做的事情，過自己想要的生活。於是，生活中多了一個又一個平庸的家庭主婦，少了許多精彩的成功女人。

人生苦短，而且你只有這一次機會，不可能從頭來過。年輕的女孩子，學會傾聽自己的心聲，知道自己內心想要的東西，完全可以嘗試過自己想要的生活，否則這一生你很可能就再也沒有機會締造屬於自己的精彩了。如果得不到想要的生活，無論外人看起來多麼幸福，自己內心苦不苦只有自己知道。

傾聽自己的心聲，勇敢做自己。當你行色匆匆奔走於人潮洶湧的街頭時，一定要給自己一個可以冷靜駐足的理由和機會。一個善於傾聽自己心聲的女人，一定是個聰明的女人。

有一顆平靜的內心

一個內心平靜的女人，一定是一個美麗的女人。她的臉上永遠洋溢著一種淡淡的微笑，她可以「不以物喜，不以己悲」，她在這個充滿了浮躁的社會裡，保留了自己內心的一片安靜。普希金說過：「幸福的特徵就是內心的平靜。追求快樂，結果都被快樂所傷，追求平靜，則追求到最真的心靈，最善自我，和最美的生活。」

平靜是一種心態、一種氣質、一種修養，一種充滿內涵的悠遠。「福兮禍之所伏，禍兮福之所倚」，樂極也會生悲。人們遊移於悲喜間就像被情緒玩弄的小丑。只有平靜的人，才能姿態優雅掌控自己的情緒。

一個內心平靜的女人，彷彿是山間的一株幽蘭，安靜吐露出自己的芬芳。她不會羨慕別人的美宅華第，不會醉心於功名利祿。她看淡了世間的俗事紛爭，將生活中的不如意視為人生的經歷，她不為別人而活，她只會自己的心而活。

我們很多時候因為忙碌，因為各種事情的困擾，我們每天從早到晚工作，沒有自己的時間，沒有跟自己心靈對話的時間，或者讓自己的心靈完全處於一片空白。靜靜去聽一首喜歡的音樂。或者大笑或者大哭著看完廣場電影；輕輕鬆鬆去野外欣賞大自然的美景；或者只是安安靜靜坐著，什麼都不想，都不做；又或者週末去除所有忙碌，給自己煮一壺咖啡，愜意坐在窗前晒著太陽。這樣的日子會讓自己心情非常愉悅，我們不必很功利的為了學英語去看外文電影，或者為了學習某些東西去看一些書，只是很簡單的拿一本自己喜歡的書，隨意翻看著。

一個內心平靜的女人，懂得如何平衡自己的生活，如何應付自己面臨的悲喜。這是一種生活的智慧，也是一種生活的能力。女人需要這樣的寧靜來清空內心的煩惱和憂慮，使我們從壓力中解脫出來。擁有一份平靜，你的心靈將遠離壓力的困擾，永保平和。

珍惜眼前的幸福

從前，有一座圓音寺，每天都有許多人上香拜佛，香火很旺。在圓音寺廟前的橫梁上有個蜘蛛結了張網，由於每天都受到香火和虔誠的祭拜的熏托，蛛蛛便有了佛性。經過了一千多年的修練，蛛蛛佛性增加了不少。

忽然有一天，佛祖光臨了圓音寺，看見這裡香火甚旺，十分高興。離開寺廟的時候，不輕易間抬頭，看見了橫梁上的是不是得不到自己心中的最愛就去選擇愛自己的人才叫珍惜幸福呢？蛛蛛。佛祖停下來，問這隻蜘蛛：「你我相見總算是有緣，我來問你個問題，看你修練了這一千多年來，有什麼真知灼見。怎麼樣？」蜘蛛遇見佛祖很是高興，連忙答應了。佛祖問到：「世間什麼才是最珍貴的？」蜘蛛想了想，回答到：「世間最珍貴的是『得不到』和『已失去』。」佛祖點了點頭，離開了。

就這樣又過了一千年的光景，蜘蛛依舊在圓音寺的橫梁上修練，它的佛性大增。一日，佛祖又來到寺前，對蜘蛛說道：「你可還好，一千年前的那個問題，你可有什麼更深的認識嗎？」蜘蛛說：「我覺得世間最珍貴的是『得不到』和『已失去』。」佛祖說：「你再好好想想，我會再來找你的。」

又過了一千年，有一天，刮起了大風，風將一滴甘露吹到了蜘蛛網上。蜘蛛望著甘露，見它晶瑩透亮，很漂亮，頓生喜愛之意。蜘蛛每天看著甘露很開心，它覺得這是三千年來最開心的幾天。突然，又刮起了一陣大風，將甘露吹走了。蜘蛛一下子覺得失去了什麼，感到很寂寞和難過。這時佛祖又來了，問蜘蛛：「蜘蛛這一千年，你可好好想過這個問題：世間什麼才是最珍貴的？」蜘蛛想到了甘露，對佛祖說：「世間最珍貴的是『得不到』和『已失去』。」佛祖說：「好，既然你有這樣的認識，我讓你到人間走一朝吧。」

就這樣，蜘蛛投胎到了一個官宦家庭，成了一個富家小姐，父母為她取了個名字叫蛛兒。一晃，蛛兒到了十六歲了，已經成了個婀娜多姿的少女，長得十分漂亮，楚楚動人。

這一日，新科狀元郎甘鹿中士，皇帝決定在後花園為他舉行慶功宴席。來了許多妙齡少女，包括蛛兒，還有皇帝的小公主長風公主。狀元郎在席間表演詩詞歌賦，大獻才藝，在場的少女無一不被他折服。但蛛兒一點也不緊張和吃醋，因為她知道，這是佛祖賜予她的姻緣。過了些日子，說來很巧，蛛兒陪同母親上香拜佛的時候，正好甘鹿也陪同母親而來。上完香拜過佛，二位長者在一邊說上了話。蛛兒和甘鹿便來到走廊上聊天，蛛兒很開心，終於可以和喜歡的人在一起了，但是甘鹿並沒有表現出對她的喜愛。蛛兒對甘鹿說：「你難道不曾記得十六年前，圓音寺的蜘蛛網上的事情了嗎？」甘鹿很詫異，說：「蛛兒姑娘，你漂亮，也很討人喜歡，但你想像力未免豐富了一點吧。」說罷，和母親離開了。蛛兒回到家，心想，佛祖既然安排了這場姻緣，為何不讓他記得那件事，甘鹿為何對我沒有一點的感覺？

幾天後，皇帝下召，命新科狀元甘鹿和長風公主完婚；蛛兒和太子芝草完婚。這一消息對蛛兒如同晴空霹靂，她怎麼也想不同，佛祖竟然這樣對她。幾日來，她不吃不喝，窮究急思，靈魂就將出殼，生命危在旦夕。太子芝草知道了，急忙趕來，撲倒在床邊，對奄奄一息的蛛兒說道：「那日，在後花園眾女子中，我對你一見鍾情，我苦求父皇，他才答應。如果你死了，那麼我也就不活了。」說著就拿起了寶劍準備自刎。

就在這時，佛祖來了，他對快要出殼的蛛兒靈魂說：「蜘蛛，你可曾想過，甘露（甘鹿）是由誰帶到你這裡來的呢？是風（長風公主）帶來的，最後也是風將它帶走的。甘鹿是屬於長風公主的，他對你不過是生命中的一段插曲。而太子芝草是當年圓音寺門前的一棵小草，他看了你三千年，愛慕了你三千年，但你卻從沒有下頭看過它。蜘蛛，我再來問你，世間什麼才是最珍貴的？」

蜘蛛聽了這些真相之後，好像一下子大徹大悟了，她對佛祖說：「世間最珍貴的不是『得不到』和『已失去』，而是現在能掌握的幸福。」

一個懂得珍惜眼前幸福的人，才會得到真正的幸福。一個女人想要獲得幸福也很簡單，那就是不要貪心。當你遇上一個真正對你好的人，就一定要好好珍惜，不要總是幻想還有更好的會出現。人生只是一段旅程，遇上了能和自己共度人生的人，一定要好好把握。

過一種簡單的生活

女人都熱衷於逛街購物。一進商場，就開始了一場大搜索，只要看到打折，降價的標籤，不管有沒有用，都想買回家去。就這樣，家裡堆積了很多亂七八糟的東西，放著沒用，卻又捨不得丟。屋子裡的東西增多了，人們的生活也變得複雜了。

有這麼一個小故事，說一個愛浪漫的女人無意中在一個舊傢俱店買到了一盞很復古、很華麗的檯燈，她對這個檯燈愛不釋手，但卻發現那張放檯燈的桌子與她的格調不搭配，於是她就換掉了桌子，之後是桌邊的床，然後是地毯、窗簾……最後，整個家的布置都被換掉了，一切僅僅是為了搭配這一盞檯燈，而這個女人因此而心力交瘁。

在古代，那些修身養性的隱士，絕不允許自己的屋裡多出一件沒用的東西。過多的物質，過多的欲望會削弱人的心智。而現代人則過多追求物質上的享受，有了房子又想要車。人的欲望是無止境的，過多放縱自己的欲望，只能讓自己陷入一種迷惘之中，反而得不到心靈的寧靜。很多女人在瘋狂購物之後，就會有一種虛無感。正如美國詩人、自然主義者梭羅所說：「大多數豪華的生活以及許多所謂的舒適的生活，不僅不是必不可少的，反而是人類進步的障礙。對於豪華和舒適，有識之士更願過比窮人還要簡單和粗陋的生活。」簡樸、單純的生活有利於清除物質與生命本質之間的樊籬。

人的一生難免會有許多欲望和追求。追求真理、追求理想的生活，追求刻骨銘心的愛情、追求金錢、追求名譽和地位。有追求就會有收穫，我們會在不知不覺中擁有很多，有些是我們必需的，而有些卻是完全用不著的。那些用不著的東西，雖然能滿足我們的虛榮心，卻將我們的心靈弄得煩躁不安。而在某個瞬間，我們或許會發現，生活中最令人感到欣慰和溫暖的往往是那些最簡單最平常不過的瞬間。當你用一種新的視野觀察生活、對待生活時，你會發現許多簡單的東西才是最美的，而許多美的東西正是那些最簡單的事物。

有這麼一位行吟詩人，他一生都住在旅館裡。他不斷從一個地方旅行到另一個地方。他的一生都是在路上、在各種交通工具和旅館中度過的。當然這並不是因為他沒有能力為自己買一座房子，這紙是他選擇的生存方式。後來，鑒於他為文化藝術所作的貢獻，也鑒於他已年老體衰，政府決定免費為他提供住宅，但他拒絕了，理由是他不願意為房子之類的麻煩事情耗費精力。就這樣，這位特立獨行的行吟詩人，在旅館和路途中度過了自己的一生。他死後，朋友為他整理遺物時發現，他一生的物質財富就是一個簡單的行囊，行囊裡是供寫作用的紙筆和簡單的衣物；而在精神財富方面，他給世界留下了十卷優美的詩歌和隨筆作品。

這位詩人的生活是簡單而富有意義的。他的人生是一種去繁就簡的人生，沒有太多不必要的干擾，沒有太多欲望的壓迫，是一種簡單而又純粹的人生。

風行歐美的「新簡樸運動」的發起人亞莉珊．斯泰爾女士認為，外界生活的簡樸能夠帶給我們內心世界的豐富。斯泰爾女士認為文明只是生活外在的依託，成功、財富只是外在的榮耀，真正的幸福來自於發現真實獨特的自我，保持心靈的寧靜，享受安靜、充實的生活。例如，我們如果不是總顯得那麼忙碌，就可以推掉那些不必要的應酬，我們將可以和家人、朋友交談，和他們分享一個美妙的晚上。然而生活中大部人總是把擁有物質的多少、外表形象的好壞看得過於重要，用金錢、精力和時間去換一種看上去似乎優越的生活，卻沒有察覺自己的內心在一天天枯萎，事實上，只有真實的自我才能讓人真正的容光煥發。

人在一生中遇到的很多不愉快，都是因為自己的心靈受他物他事所累。一個人在覺得自己身上負荷不了太多的東西時，要學會持一種「減法」態度去生活。去掉一些自己不需要的東西，人生反而會變得更踏實。這就是為什麼很多人在經歷了浮華的人生之後，渴望一種質樸生活的內心反映。

年輕的女孩去買衣服時，喜歡買一些帶著蕾絲邊，或是其他花裡胡哨的東西，覺得這樣才會更美。等我們再長大一點就會發現，這樣的美沒有內涵，反而會越來越傾向於那種簡約主義的時裝。在服裝界有「簡潔女王」之稱的簡．桑德說：「加上一個扣子或設計一套粉色的裙子是簡單的，因為這一目了然。但是對於簡約主義來說，品味需要從內部來體現。」其實人生也是一樣的，一個人的生活品質，不能從他外在擁有多少財富來判定，而是要看他心靈的質地。

一個懂得體悟幸福的女人，會心無旁騖，並善於將可能引起憂思苦惱及妨礙行進的事物丟棄掉，不讓它干擾自己的身心。女人如果想過一種幸福快樂的生活，就不能背負太多不必要的包袱，要學會去繁就簡，過一種簡單的生活。

要經得起歲月的沉澱

女人對年齡有著天生的敏感，一過二十五歲就開始隱瞞自己的年齡。因為害怕歲月會奪取自己的容顏，奪取自己的青春。老似乎是女人的天敵吧。就連紅樓夢裡最出塵脫俗的妙玉也會在櫳翠庵裡感慨：「可嘆這青燈古殿人將老，辜負了紅粉朱樓春色闌。」不僅僅是世間的女子，只要是有生命的，就會有不可避免的衰老。

一個害怕衰老的女人，因為對未來不自信，對自己不夠肯定，所以才會產生這樣的恐慌。

青春是美好的，年輕是美好的，可是我們無法挽留住歲月流逝的腳步，我們只能在歲月裡演繹好最好的自己。

漂亮的女人很多，可是經得住時光凝練的漂亮女人卻不多。

對於大多數女人來說，她們經不起歲月的凝練。就像張愛玲曾說過：「一個什麼都不出色的女人，不如趁著年紀輕輕就嫁人。年輕時，總是帶著一點稚嫩的可愛的。」對於大多數女人來說，她們只是一個普通的女人，除了青春就沒什麼值得驕傲的地方了，於是她們拚命想要保留自己的青春，甚至不惜透過整容來改變自己。可是即便這樣，她們還是得不到自己想要的東西。她們忘記了，一味去取悅別人，不僅失去了自我，而且別人的口味也是在變化的，她永遠無法去迎合好別人的口味。既然這樣，不如放鬆下來，做好自己吧

其實，每個年齡有每個年齡的韻味和姿態。少女有少女的美，成熟女子也有成熟的美。千萬不要一大把年紀了，還要「裝嫩」，穿著有米老鼠圖案的衣服，還嗲聲嗲氣說話。其實，年齡的增長並不可怕，可怕是有些女人只長了皺紋，卻沒有長閱歷和腦子。成熟的女人雖然失去了青春，卻得到了更寶貴的東西——閱歷。一個有閱歷的女人，就像一副歷朝更迭的名畫，她不用擔心歲月流逝了多少，因為她在不斷增值。

二十多歲的女孩，當你每日流連於化妝品專櫃，試圖想要透過化妝品的效果來留住青春的話，不如給自己一個淡定的內心。一個在青春年華卻不懂得成長的女孩子，到了年老的時候，你真的就什麼也沒有了。為什麼有的女人越活越自信，越來越美麗，而有的女人卻越活越憔悴。這就是懂得成長和不懂得成長的區別。我們要學會在歲月裡將自己磨礪成一顆璀璨發光的鑽石，這樣的魅力不會隨著年齡的老去而老去。既然人都會老，還不如索性優雅老去，且大大方方、坦坦蕩蕩、勇敢而自信。

自己才是最好的歸宿

在我們每一個人的生命裡，我們會遇到很多的人。朋友隨著時光的流逝換了一撥又一撥，並不是你們的友誼不夠堅定，而是他們不可能永遠陪伴在我們的身邊，他們只可能陪伴我們走過人生中的某一段歲月。那麼，戀人呢，是否可以陪伴著我們一起走到生命彼岸。也許可以，但是誰也無法預測到，生命的承轉起伏中，會有怎樣的幸與不幸；誰也無法準確預知，感情的下一站，會在何處安全停靠。曾經最親密的人，也有可能變成你熟悉的陌生人。因此，在你生命的渡口，永遠記得，只有自己才是自己最好的歸宿。

出生於一九三一年美國模特兒卡門．戴爾．奧利菲斯（Carmen Dell'Orefice），是現今在伸展臺上最年長的模特兒，七十九歲的她還在二〇〇九年倫敦時裝周上和 Lily Cole 等一干水靈模特兒同臺走秀，一派冰山女王的風度，在她身上使用頻率最高的形容詞是「無瑕」和「優雅」。然而，誰也不曾想到，在她光鮮亮麗的模特兒事業背後，竟是如此遊戲一般的人生——失敗的婚姻、女兒的疏離、財產的喪失，這一樁樁的生活考驗，並沒有嚇倒這位美麗的女神。也許上帝為你打開一扇門就會關上另一扇門，在光豔的伸展臺背後，這些是掩藏在背後的悲傷。

卡門十六歲碰見自己的第一任丈夫，在她給他買了幾匹賽馬，為他墮過幾次胎之後，終於在二十一歲那年與之結婚，並生下了女兒蘿拉。這段婚姻只維持了三年。此後，卡門又經歷了兩次失敗的婚姻和諸多羅曼史，但至今依然單身。當《每日電訊報》的記者問她在七十多歲的高齡，愛情對她是否還重要時，她反問道：「呼吸對你重要嗎？」

即使成為了超模，有著傲人的成績，每次演出時，她依然會保持良好的精神狀態，準時到場，認真出演每一場時裝秀，在她的身上，從未有過年輕模特兒經常抱怨的壞毛病。僅憑想像，比起脾氣糟糕的年輕模特兒來，狀態一流又有著六十年經驗的老模特兒恐怕是更難伺候的。但是，情況卻恰恰相反，一位元與她合作過的公關經理在最近接受採訪時說：「在她那裡，你聽不到任何關於腳痛或睡眠不足的抱怨。她的笑容總是溫暖明快，她用整潔、謙遜和守時的專業態度超越了年輕模特兒。」

生活的考驗，並沒有因為卡門已經到了安享晚年的階段而停止。二〇〇八年，七十七歲的她捲入了那場舉世矚目的麥道夫金融騙局，她和納斯達克前主席伯納．馬多夫（Bernard Lawrence Madoff）多年的朋友關係，讓她成為又一位受害者——她損失了大部分的積蓄。這個男人看起來害羞又聰明，帶她泛舟、郊遊、品酒，讓她把錢放進他的基金，然後那些錢在一夜之間消失了，和眾多受害者一樣。愛情、親情、物質的來來去去，讓卡門的人生像極了一場遊戲。卡門在接受《名利場》的採訪時說：「我又變得一無所有了。」也許，正是生活的磨難，讓我們有幸看到她至今仍然活躍在伸展臺。

臨近八十歲的卡門已經目送了不少親人、朋友辭世。但這對她而言與其說是悲痛和失去，不如說是見證生命的最終圓滿。十幾歲的女孩們總愛感慨：「我真希望自己長得像卡門。」作為一個堅定的器官捐贈者，她早就為自己做好了打算，她把令人嚮往的身體看作可循環使用的零件庫：「皮膚也好，眼球也好，有用就拿去，沒用就扔掉。」若沒有暗礁和險流，或許不能稱其為長河般的人生。其實這粒被歲月打磨過的琥珀，一生的喜怒哀樂，幸或不幸，都凝成了獨一無二的花紋，誰又會捨得丟棄呢？

關於人生，很多人會產生一種誤解，覺得只要自己的身邊有人陪伴，就不會感到孤單。記得有一位詩人曾經寫道：我們身邊有朋友、親人、愛人，因此我們會產生一種人間友愛的感覺。其實，每個人都是孤獨的，孤獨生，孤獨死。誰也做不了你的歸宿，你就是你最好的歸宿。不要妄想把自己的人生附加在別人身上，不要妄想別人可以為你遮風擋雨一輩子。一個女人只要做好了自己，她就不會再害怕失去什麼。女人最好的歸宿，其實就是自己。對女人而言，只有手中握有希望和力量，才有可能找到幸福的方向。

留給心靈一片世外桃源

很多人都渴望世外桃源般的生活，沒有世俗的繁雜，沒有塵世的煙火，像仙人一樣獨守一片寧靜。可是，我們卻生活在高樓大廈包圍的城市裡面，我們在這個世界上忙於追求自己的理想，忙於工作，忙於一切的繁雜。常聽到耳邊有人說：我們走得太快了，靈魂都跟不上了。現代社會的高節奏、高壓力生活是人們的身體很累，弱肉強食的自然法則又使人們拚命追逐利益，心靈很累。做人很累，這幾乎是所有人都認同的。

其實，不如做一株植物吧，找一方淨土好好滋養靈魂和心靈。找一個像桃花源一樣擁有鮮美芳草和繽紛落英的地方，遠離凡塵喧囂。但是，世界之大，這樣的地方在哪裡？於是人們去旅行，去看海，以為在海的盡頭，終於到了海的盡頭，發現海的盡頭仍然是城市；去爬山，到了山頂，卻發現山頂上仍是人山人海……

然後你靜坐下來，在濃密的黑夜裡。只聽得見自己的心跳聲。開始有所領悟：是不是，所謂的桃花源，就在心臟的最深處。於是你閉上眼，努力傾聽著心跳的聲音，你在想，從出生到現在，心臟一直是這樣跳著，從未改變過。心臟住在什麼地方呢？你開始想像，是大海中嗎？高山上嗎？最後你想，應該在一個芳草鮮美，落英繽紛的地方，然後你確定，你的心就是你曾苦苦尋找的桃花源。

修行多年的心吾和尚，就要到一座新修的寺廟裡做住持了，臨行，他向老法師海帆方丈求教：「佛海無涯，何日是歸期？人生有限，哪天成活佛？」

海帆方丈答道：「香火不斷，水漫靈山亦通明，天天是歸期；風雨飄搖，一炷高香常相伴，即刻成活佛。」

心吾和尚到了新修的寺廟後，便把敬佛上香作為頭等大事來抓，他的禪房和臥室裡，高香常明，及時續接，片刻都不曾斷過香火。即使外出化緣，他也手持高香，從不間斷，風雨無阻。

可是，三年五載過後，心吾和尚感到自己的道行並無長進，就又返回往日的故廟，想再次向海帆和尚求教。可是，當他手持高香剛剛進海帆法師的禪房，海帆法師就端坐圓寂了。一滴清淚悄悄滑下心吾和尚的眼角，正好滴落在他手拿的香火上，哧啦一聲，他手裡的香火滅了。

就在這時，他發現自己對海帆法師的尊重和敬仰絲毫沒有改變。

他終於開悟了。原來那炷香是應該燃在心裡的。

點一盞心燈，被心燈的光芒籠罩的內心深處，就是桃花源。不管外面的世界多麼的紛繁複雜、光怪陸離，在每個人的心底，都有一片桃源，那裡什麼都是純淨的，沒有世俗的紛擾，讓我們在忙碌之外盡享淡雅寧靜。讓我們以一種更平和的態度去面對人生。遠離了都市的喧鬧嘈雜、塵世的爾虞我詐、社會的複雜多變，有的只是自然與心靈的安寧與和諧！

世外桃源是美麗的、寧靜的，更是人們對心靈的一種訴求。在這個熙熙攘攘的都市裡，在這茫茫人海之中，當你困惑迷失自己的時候，一定要學會為自己的心靈留下一片世外桃源。只有這樣，你才能在這個世界上找到自己靈魂的歸宿，而不會盲目隨波逐流，匆匆忙忙度過一生。

放下對成功的膜拜

張愛玲曾說過「出名要趁早」，於是很多人把這句話當作至理名言來信仰。彷彿人生是多麼的倉促，年少時不成功不出名就來不及了。可是張愛玲是誰，她從小就有著天才夢，十七歲就能說出「最恨一個天才女子突然結了婚」這樣的話來，她的出名是順理成章的，她的成功也是不可複製的。

然而現代的人在這個快節奏的社會裡生活，很多時候在各種各樣的壓力下生存，好像明天就是世界末日似的，做什麼都要趁早——少年天才越來越多，早戀早婚也早已成了風氣……生活不再是一種細水長流的姿態，人人都開始奔跑起來。

成功，對於年輕人來說，是一個極具誘惑力的詞語。很多人都在想：如果我成功了，我就可以不再默默無聞，不再和普通人一樣走平凡的人生軌跡，我可以得到很多鮮花和掌聲，甚至是金錢和財富。其實，很多人在追逐成功的過程中，卻忘記了成長的意義。成功只是一個結果，只能由外人去評論。而成長卻是一個人在經歷著的一個過程，他可以從內心深處感受到自己的變化。這種成長的經歷會使一個人充滿了自信，並且不斷向前。

現代的女性有了獨立自主的能力，對於成功自然也有自己的看法。有句話說：成長比成功更重要。人要學會自己成長，把成長作為人生目標去完成，你就離成功不遠了。成功是一個結果，而成長則是一個過程，一個生命的體驗。放下對成功的膜拜，你就會活得更加輕鬆，也會體驗出生命的真正意義。

在自然中體悟生命

朋友是一個大忙人，可是她總會在忙碌之餘抽出一些時間去野外旅行。在她看來，大自然是賦予了萬物靈性的神祕之地，親近大自然也是為了更好貼近自己的心靈。一個人在繁雜的都市裡生活久了，總會渴望走近大自然，拋下一切煩惱，去尋找一種內心的寧靜。

為了追尋生命的意義，美國詩人、散文家、自然學者梭羅（Henry David Thoreau）走進森林，在那裡生活了將近兩年的時間。這種返璞歸真的生活方式讓他得以遠離現代物質文明的侵擾，深深思考生命的本質，智慧的光芒像清晨的陽光一樣照耀著他。他思索著，並為世人留下了不朽的名著《湖濱散記》。他說：「我來到森林，因為我想悠閒生活，只面對現實生活的本質，並發掘生活意義之所在。我不想當死亡降臨的時候，才發現我從未享受過生活的樂趣。我要充分享受人生，吸吮生活的全部滋養。」梭羅走進山林是為了尋求生活的真正意義。脫離複雜的外部世界，他讓自己置身於一種最簡單、最自然的生活中，在大自然的啟發下，在寧靜的湖光山色中，他發現了很多原來未曾發現的生命的祕密。

同樣，對於生活在喧鬧都市中的女人來說，大自然也有著很強的吸引力。因為它可以把我們帶到一個與世界的絕大部分似乎正在前進的方向截然相反的方向：遠離炫耀顯示、積聚財富、利己主義，追求一種更安寧、謙遜、坦誠的生活。在這種生活中我們能夠更強烈感受到生活的真正意義與樂趣。

一個對大自然有著深深眷戀的女人，一定是個懂得體悟生命的女人。來到草原上，我們的視野會變得無比開闊，心胸也無比開懷；走近大海邊，感受著大海的浩瀚無邊，會突然領悟到生命的博大和深沉；穿梭於山澗小溪，耳邊是池塘青蛙的叫聲，一切都是那麼的簡單，卻又令人心曠神怡。親近大自然，找回生命的本真，感受自己心靈的呼喚。

在這個快節奏的社會中，營營役役，奔波勞碌，已經成為人們生活的常態，可是在我們的心中始終有一個聲音在呼喚，真的想拋開一切雜亂，遠離這個鋼筋水泥的喧鬧都市，走進大自然，還自己的心靈一份安靜。大自然的生存規則告訴我們，當世界浮躁的時候，唯有淡泊淡定的人才能獲勝。當你還在迷茫的時候，當你還在忙碌的時候，當你陷於困境的時候，不妨去親近大自然吧，用心聆聽它、感受它，它就會告訴你一切的答案。

享受詩意人生

有位作家曾說：「也許每個人生命中都有兩份情懷。一份是凡俗生活裡的舉案齊眉，一份是夢一樣的風花雪月。留在紅塵，在新鮮的情懷也叫日子醃成了鹹菜，可真的隨夢而去，又未免有些高處不盛寒。幾乎每個人，在年少時候都曾有過詩情畫意。一些人收起了天光雲影裡的翅膀，落回紅塵，按部就班過完一生；另一些人則一心飛向金星落處的天空。」年少的時候，我們會醉心於詩情畫意，當進入了人生中的另一階段，詩意則像自然法則一樣從我們的身上退去，取而代之的是柴米油鹽的庸俗和無趣……其實，詩意的生活無處不在，只要你有一顆靈動的心，任何生活都能過成一首詩般的美好。一個懂得生活的女人，無論身處何種環境，她都會將生活調理得有滋有味，別有一番詩意在心頭。

生活本來就是豐富多彩的，不要讓平淡的生活淹沒了我們那顆追逐詩意的心靈。生活中不能只有柴米油鹽、工作學習，每天算計著自己的支出和收穫，那樣只會將生活過得越來越沉悶。有的人一味只追逐成功，每天為了所謂的功名利祿而疲於奔命。其實，有的時候我們要學會放下心來享受人生。美國詩人惠特曼曾說過：「人生的目的除了去享受人生外，還有什麼呢？」

一個懂得享受人生的女人，才是一個智慧的女人。她不會將自己整天綁在柴米油鹽、老公孩子身上。她懂得挖掘生活的美，更懂得享受生活的美。她不僅可以做出可口的飯菜，也能將廚房變成自己的工作室，將一道道尋常的飯菜演繹成一個個藝術品；她會在寧靜的下午，在一杯茶的芬芳中，安靜讀一本書；在陽光燦爛的日子裡，她會邀上朋友一起去爬山，去郊遊……詩意的人生如同在平淡的生活裡注入了一股清泉，令人心曠神怡，不僅放鬆了自己，也體會到了人生的情趣。

「從明天起，做一個幸福的人／餵馬，劈柴，周遊世界／從明天起，關心糧食和蔬菜／我有一所房子，面朝大海，春暖花開……」你是否也羨慕過這樣的生活狀態，除去「絲竹之亂耳」，獲得一份寧靜，一份安詳，一份詩意。當你在奔波的生活裡迷失了方向，當你在冗長的歲月裡選擇了沉悶，不如在夜深人靜的時候，叩問一下自己的心靈，什麼樣的人生才是最美的。生活是需要詩意去裝點的，只要你有一顆靈動的心，任何生活都能過成一首詩般的美好。

電子書購買

國家圖書館出版品預行編目資料

有品味女人，呼吸都迷人：舉手投足的優雅 × 由內而外的涵養，女子見了目不轉睛，男子看了眼冒愛心！ / 恩茜，王曉陽著 . -- 第一版 . -- 臺北市：崧燁文化事業有限公司, 2022.10
面； 公分
POD 版
ISBN 978-626-332-800-6(平裝)
1.CST: 生活指導 2.CST: 女性
177.2　　111015429

有品味女人，呼吸都迷人：舉手投足的優雅 × 由內而外的涵養，女子見了目不轉睛，男子看了眼冒愛心！

臉書

作　　者：恩茜，王曉陽
發 行 人：黃振庭
出 版 者：崧燁文化事業有限公司
發 行 者：崧燁文化事業有限公司
E-mail：sonbookservice@gmail.com
粉 絲 頁：https://www.facebook.com/sonbookss/
網　　址：https://sonbook.net/
地　　址：台北市中正區重慶南路一段六十一號八樓 815 室
Rm. 815, 8F., No.61, Sec. 1, Chongqing S. Rd., Zhongzheng Dist., Taipei City 100, Taiwan
電　　話：(02) 2370-3310　　　傳　　真：(02) 2388-1990
印　　刷：京峯彩色印刷有限公司（京峰數位）
律師顧問：廣華律師事務所 張珮琦律師

定　　價：350 元
發行日期：2022 年 10 月第一版
◎本書以 POD 印製